D1690936

James Joyce
Irland

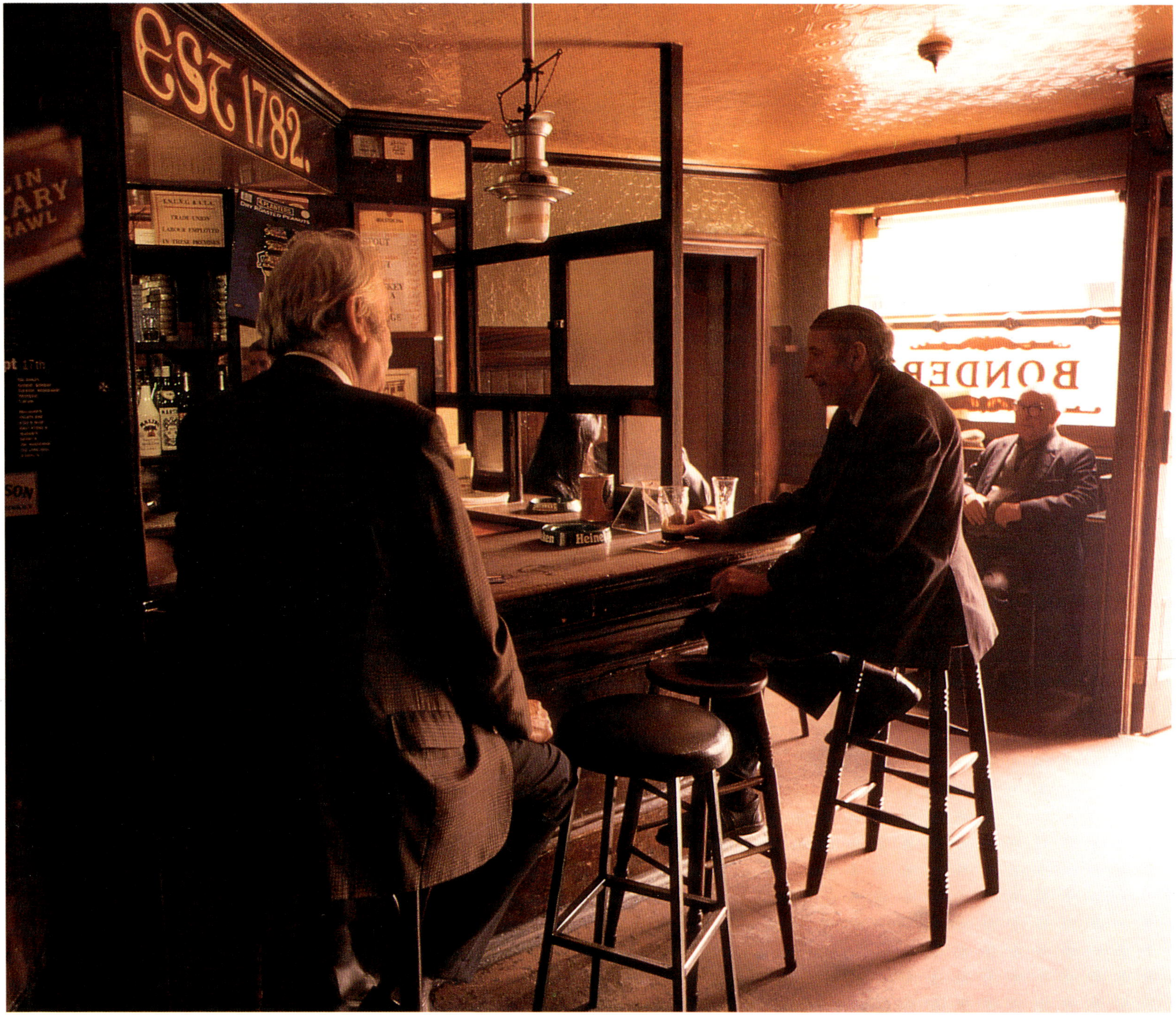
EST 1782.

JAMES JOYCE
Irland

Fotos von Alain Le Garsmeur

*Texte zusammengestellt von
Bernard McCabe*

NYMPHENBURGER

Für
Dominic, Patrick, und Rose
und für
Seamus und Marie

Der Verlag bedankt sich bei der Poetry/Rare Books Collection der
State University of New York in Buffalo für die Erlaubnis,
die Photographie des Einleitungskapitels zu reproduzieren.

Copyright der Photographien © 1993 Alain Le Garsmeur
Copyright der Einleitung, Chronologie und Textauswahl © 1993 Bernard McCabe

Zuerst veröffentlicht 1993 in Großbritannien durch
Little, Brown and Company (UK) Limited, 165 Great Dover Street, London SE1 4YA.
© Für die vorliegende Ausgabe nymphenburger
in der F.A. Herbig Verlagsbuchhandlung, München 1994.
Alle Rechte, auch der photomechanischen Vervielfältigung
und des auszugsweisen Abdrucks, vorbehalten.
Die Joyce-Texte mit freundlicher Genehmigung des Suhrkamp Verlags aus:
James Joyce. Frankfurter Ausgabe. 7 Bd. Hrsg. von Klaus Reichert,
unter Mitarbeit von Fritz Senn.
Briefe I.–III., übers. v. Kurt H. Hansen
Dubliner, übers. v. Dieter E. Zimmer
Finnegans Wake, übers. v. Harald Beck, Ulrich Blumenbach, Wolfgang Hildesheimer,
Ingeborg Horn, Reinhard Markner, Klaus Reichert, Hans Wollschläger
Gesammelte Gedichte. Zweisprachig
Kleine Schriften, übers. v. Hiltrud Marschall u. Klaus Reichert
Porträt, übers. v. Klaus Reichert
Ulysses, übers. v. Hans Wollschläger

Chronologie und Einleitung übersetzt von Gabi Ehmann-Drexl
Nach der Textauswahl für die deutsche Ausgabe zusammengestellt von Gabi Ehmann-Drexl

Satz: Concept GmbH, Höchberg
Gesetz aus: Berkeley
Druck und Binden: Mondadori, Verona
Printed in Italy
ISBN 3-485-00693-9

INHALT

EINE KURZE CHRONOLOGIE   6

DIE STIMMEN DUBLINS   8

DUBLINER   23

GEDICHTE   45

EIN PORTRÄT DES KÜNSTLERS
   ALS JUNGER MANN   51

ULYSSES   75

FINNEGANS WAKE   139

LITERATUR ZU JOYCE   160

EINE KURZE CHRONOLOGIE

1882 James Aloysius Augustine Joyce wird am 2. Februar in Rathgar, einem Vorort im Süden Dublins, als Sohn von Mary Jane Murray und John Stanislaus Joyce, einem Paar aus gesicherten Mittelklasseverhältnissen, geboren.
1888 Joyce wird Schüler des Jesuiten Colleges Clongowes Wood.
1891 Neben ernsten finanziellen Schwierigkeiten verliert John Joyce, ein starker Trinker, seinen Regierungsposten, und die Joyces ziehen mit ihrer großen Familie von einem Haus in das andere, um dem Gerichtsvollzieher zu entgehen. Joyce muß Clongowes verlassen.
1893 Joyce ist für kurze Zeit Schüler einer Christian Brother Schule, dann bekommt er ein Stipendium in Belvedere, der Jesuiten-Schule Dublins.
1894 Er besucht mit seinem Vater die Stadt Cork, wo dieser seine letzte Besitzung verkauft.
1894-98 Joyce hat große schulische Erfolge in Belvedere. Für einige Zeit ist er besonders aktiv im Religionsunterricht. Mit ungefähr vierzehn Jahren beginnt er, Prostituierte in Dublins Rotlichtviertel aufzusuchen.
1898 Joyce besucht die Royal University (heute: University College Dublin). Seine Schwerpunkte sind neuere Sprachen: Französisch, Italienisch, Deutsch und schließlich Norwegisch, um Ibsen lesen zu können.
1899 Er lehnt es ab, sich an dem studentischen Protest zu beteiligen, der sich gegen den angeblichen Religionsfrevel in Yeats Versdrama *Die Gräfin Cathleen* (*The Countess Cathleen*) richtet.
1900 Joyces Aufsatz »Ibsens Neues Drama« (»Ibsen´s New Drama«) erscheint in der Zeitschrift *Fortnightly Review*.
1901 In einem privat gedruckten Pamphlet »Der Tag des Pöbels« (»The Day of the Rabblement«) attackiert Joyce das *Irish Literary Theatre*. Er weigert sich, an nationalen politischen und literarischen Aktivitäten teilzunehmen.
1902 »James Clarence Mangan« wird in *St. Stephan´s*, der Literaturzeitschrift des Colleges, veröffentlicht. Joyce trifft Yeats, Lady Gregory und andere irische Schriftsteller. Zwei seiner Buchbesprechungen erscheinen in Dublins Tageszeitung *Daily Express*. Joyce schließt sein Studium ab. Am 1. Dezember geht er nach Paris, um Medizin zu studieren.
1903 Einundzwanzig seiner Buchbesprechungen erscheinen im *Daily Express*. Er trifft Synge in Paris. Im April kehrt er nach Dublin zurück, als er erfährt, daß seine Mutter im Sterben liegt. Sie stirbt im August.
1904 Joyce schreibt einen Essay »Ein Porträt des Künstlers« (zu seinen Lebzeiten unveröffentlicht). Er beginnt damit, diesen unter dem Titel *Stephen der Held* (*Stephen Hero*) zu überarbeiten (ebenfalls unveröffentlicht zu seinen Lebzeiten). Seine Gedichte erscheinen in einigen Zeitschriften. Die ersten Geschichten aus *Dubliner* (*Dubliners*) werden in *The Irish Homestead* veröffentlicht. Er attackiert in der Verssatire »Das Heilige Offizium« (»The Holy Office«), die literarischen Kreise Dublins. Bei einem Konzert tritt er mit dem großen Tenor John McCormack auf. Zusammen mit Oliver St. John Gogarty (Vorbild für Buck Mulligan aus *Ulysses*) wohnt er im Martello Turm in Sandycove. Er unterrichtet für einige Zeit an einer Privatschule für Jungen in Dalkey. Er trifft Nora Barnacle, ein Mädchen aus Galway, die in »Finn´s Hotel« in Dublin als Zimmermädchen arbeitet. Die beiden brennen durch nach Paris, Zürich und Triest, dann lassen sie sich in Pola nieder, wo Joyce an einer Berlitz Sprachenschule unterrichtet.
1905 Sie ziehen nach Triest. Ihr Sohn Giorgio wird geboren. Joyce legt *Dubliner* (zwölf der fünfzehn Geschichten der Endfassung) einem Verleger in Dublin vor. Während der nächsten zehn Jahre unterstützt ihn sein Bruder Stanislaus.
1906 Umzug nach Rom. Für ein minimales Gehalt arbeitet Joyce bei einer Bank. Er hat große Geldschwierigkeiten. Er schreibt zwei weitere Kurzgeschichten für *Dubliner*. Eine dritte Geschichte entsteht im Entwurf. Sie trägt den Titel »Ulysses« und bildet den Ausgangspunkt für den gleichnamigen Roman.
1907 *Kammermusik* (*Chamber Music*), sein erster kleiner Gedichtband, wird in London veröffentlicht. Die Familie Joyce zieht zurück nach Triest. Ihre Tochter Lucia wird geboren. »Die Toten« (»The Dead«) wird abgeschlossen. Joyce beginnt mit der Arbeit an *Ein Porträt des Künstlers als junger Mann* (*A Portrait of the Artist as a Young Man*) und schreibt Artikel für *Il Piccolo della Sera*. *Dubliner* wird zum ersten Mal abgelehnt.
1908 Die ersten drei Kapitel des *Porträt* werden fertiggestellt.
1909 Joyce unternimmt zwei Reisen nach Dublin, ohne Nora. *Dubliner* wird angenommen, und er unterzeichnet den Vertrag. Er hilft,

Dublins erstes Kino, das *Cinema Volta,* aufzubauen. In Triest trifft er Italo Svevo, das Vorbild für Bloom.
1910 Das *Volta* findet keinen Anklang. Die Veröffentlichung von *Dubliner* wird verschoben.
1911 Er hat weiterhin Schwierigkeiten, das *Porträt* fortzusetzen. Seine Schwester Eileen rettet das Manuskript vor dem Kaminfeuer.
1912 Joyce fährt ein letztesmal nach Dublin – mit seiner Familie. Er besucht auch Galway. Buchdrucker zerstören Druckbögen von *Dubliner* und nennen das Buch obszön. Joyce revanchiert sich mit »Gas von einem Brenner« (»Gas from a Burner«), eine beleidigende Verssatire auf Verleger und Drucker.
1913 Yeats bietet Joyce Hilfe an. Ezra Pound ermutigt ihn.
1914 Das *Porträt* erscheint in Fortsetzungen in der Zeitschrift *The Egoist* (London). Das letzte Kapitel wird gerade noch zum Redaktionsschluß fertig. *Dubliner* wird schließlich veröffentlicht. Joyce beginnt mit dem Theaterstück *Verbannte (Exiles)* und mit dem Roman *Ulysses*.
1915 Um dem Ersten Weltkrieg zu entfliehen, zieht er ins neutrale Zürich. *Verbannte* wird fertiggestellt. Joyce erhält Unterstützung vom *Royal Literary Fund*.
1916 Er bekommt eine Staatspension. Das *Porträt* wird in New York veröffentlicht.
1917 Die erste von Harriet Weavers anonymen Geldspenden erreicht Joyce. Er wird noch viele großzügige Spenden von Frau Weaver erhalten. Acht seiner Gedichte werden in der Zeitschrift *Poetry* (Chicago) veröffentlicht. Erste Augenoperation.
1918 Die Zeitschrift *Little Review* (New York) gibt *Ulysses* in Fortsetzungen heraus. *Verbannte* wird in New York veröffentlicht.
1919 Rückkehr nach Triest. Joyce unterrichtet wieder. Er verfaßt ein Gedicht.
1920 Exemplare der Zeitschrift *Little Review,* die Episoden aus *Ulysses* beinhalten, werden in New York beschlagnahmt und vernichtet, da sie als pornographisch angesehen werden. Die Joyces ziehen nach Paris. Joyce muß nun wenigstens nicht mehr unterrichten. Ezra Pound bemüht sich nachdrücklich, Joyces Ansehen zu fördern. Joyce und sein Bruder Stanislaus entzweien sich.
1922 *Ulysses* wird in Paris von Shakespeare und Co. (Sylvia Beach und Adrienne Monnier) veröffentlicht. Exemplare werden von britischen und amerikanischen Zollbeamten beschlagnahmt. Joyce erntet viel Beifall in Europa und den USA.
1923 Er beginnt mit *Finnegans Wake*. T.S. Elliot veröffentlicht eine einflußreiche Literaturkritik über *Ulysses*.

1924 Erste Fragmente von *Finnegans Wake* werden in der Zeitschrift *transatlantic review* unter dem Titel »Work in Progress« publiziert. Die Augen machen Joyce immer größere Probleme, was für den Rest seines Lebens so bleiben wird und mehrere Augenoperationen erforderlich macht.
1925 Mehr von »Work in Progress« wird veröffentlicht. Viele negative Reaktionen von früheren Bewunderern, unter ihnen H.G. Wells, Ezra Pound, Joyces Bruder Stanislaus und Harriet Weaver, die trotzdem ihre finanzielle Unterstützung fortsetzt.
1926 Raubdruck von *Ulysses* in New York.
1927 Die Literaturzeitschrift *transition* (Paris) veröffentlicht den ersten der siebzehn Teile von »Work in Progress«. Der letzte davon erscheint im Jahr 1937. *Ulysses* erscheint in deutscher Sprache. Sein zweiter und letzter Gedichtband *Pöme Penysstück (Pomes Penyeach)* wird in Paris veröffentlicht. Die Reaktionen sind lau.
1929 Die französische Übersetzung von *Ulysses* erscheint. Samuel Beckett hilft Joyce bei *Finnegans Wake,* und Lucia entwickelt eine besorgniserregende Zuneigung zu ihm.
1931 Im Juli heiraten Joyce und Nora in London. Joyces Vater stirbt im Dezember. Stuart Gilberts bahnbrechende Studie über *Ulysses* erscheint, die mit Joyces hilfreicher Unterstützung entstanden war.
1932 Im Februar wird sein Enkel Stephen James Joyce geboren. Joyce schreibt das Gedicht »Ecce Puer«. Lucia erleidet einen schweren Nervenzusammenbruch.
1933 New Yorker Gerichtshöfe erklären *Ulysses* für nicht pornographisch.
1934 *Ulysses* wird in New York veröffentlicht.
1936 *Ulysses* wird in London veröffentlicht.
1938 »Work in Progress« ist abgeschlossen. Sein geheimer Titel *Finnegans Wake* wird enthüllt.
1939 *Finnegans Wake* wird in London und New York veröffentlicht. Joyce ist enttäuscht über die schwache Resonanz. Ausbruch des Zweiten Weltkriegs. Joyce ist vorwiegend mit Lucias Krankheit und deren Behandlung beschäftigt.
1940 Die Joyces sind gezwungen, Frankreich zu verlassen. Sie gehen zurück nach Zürich. Lucia ist zu krank, um ihnen zu folgen, und bleibt in einem französischen Krankenhaus.
1941 Nach Monaten der Angst und allgemeinem schlechten Gesundheitszustand stirbt Joyce an einem Magengeschwür. Nora überlebt ihn um zehn Jahre.

Eine kurze Chronologie

DIE STIMMEN DUBLINS

James Joyce, der mit Hunderten von Erzähltechniken experimentierte, beschränkte sich auf einen einzigen Schauplatz: die Stadt Dublin. Im Jahr 1904 hatte er die Stadt als Zweiundzwanzigjähriger für immer verlassen und kam, abgesehen von ein paar flüchtigen, späteren Besuchen, nicht mehr dorthin zurück. Die siebenunddreißig Jahre seines selbstgewählten Exils in anderen Städten – Triest – Zürich – Paris – verbrachte er jedoch damit, sich an seine Heimatstadt zu erinnern, sie sich zu vergegenwärtigen und immer neue Versionen von ihr zu schaffen. »Ich schreibe immer über Dublin«, erzählte er einem Freund, »denn wenn ich zum Herzen von Dublin vordringen kann, offenbaren sich mir die Herzen aller Städte der Welt.«

Joyce dachte zuerst, daß er Dichter werden müsse, und gelegentlich schrieb er auch zarte idyllische Verse. Doch der Roman war seine eigentliche Stärke. Die erste bedeutende Veröffentlichung, *Dubliner* (1914), ist eine Sammlung von ernsten Kurzgeschichten über seine Mitbürger. Sein erster Roman, *Ein Porträt des Künstlers als junger Mann* (1916), erweckt das Dublin von Joyces Kindheit und Jugend zum Leben – in einer schwierigen Mischung aus Verwirrung, Faszination und endgültiger Abkehr. Sein einziges Theaterstück, *Verbannte* (1918), dramatisiert eine bedrückende, angsterfüllte Rückkehr in die Stadt nach langer Abwesenheit. In seinem letzten herausragenden Werk, *Finnegans Wake* (1939), in dem eine gewaltige Traumsequenz einer Nacht in Traumsprache wiedergegeben wird, zelebriert er ein »Größeres Dublin«, das zwar immer erkennbar bleibt, und doch in alle großen Städte der Welt übertragen werden kann. Dublins *Hill of Howth* ist austauschbar mit jedem beliebigen Berg der Welt; Dublins Fluß *Liffey* mit jedem beliebigen Fluß der Welt; und Joyces Hauptfiguren, ein Dubliner Kneipenbesitzer und seine Frau, werden durch die Magie des Traumes zu diesem Berg und zu diesem Fluß und somit zu archetypischen Weltbürgern.

Vor *Finnegans Wake* schrieb Joyce sein Meisterwerk, *Ulysses* (1922). Dieser epische, ernst-komische Roman bietet uns, neben vielen anderen Dingen, ein Modell Dublins aus dem Jahre 1904. Joyce konstruierte den Rahmen von *Ulysses* mit besonderer Aufmerksamkeit hinsichtlich einer exakten Wiedergabe von Zeit und Ort. »Ich möchte ein so vollständiges Bild von Dublin wiedergeben«, sagte er, »daß es, wenn die Stadt plötzlich vom Erdboden verschwinden würde, mit Hilfe meines Buches rekonstruiert werden könnte.«

Die Stadt ist nicht verschwunden. Sieht man ab von den schrecklichen Zerstörungen und den häßlichen Bauwerken unseres Jahrhunderts, so gehört Dublin zu den Städten, die ihre Geschichte auf dem Rücken tragen, damit alle sie sehen können. Und aus den Gesprächen der Bewohner erklingt sie, damit alle sie hören können. Joyce wußte dies. Während seiner langen Jahre im Exil ließ er in seinen Werken in einer Art Rückblende das Bild Dublins der Jahrhundertwende mit Beharrlichkeit wiedererstehen. Und so können wir am Ende dieses Jahrhunderts Dublin heute noch mit seinen Augen betrachten.

Dublin allein war jedoch nicht alles. Joyces Erinnerungen wanderten hinüber zum *Phoenix Park*, hinaus zum *Hill of Howth*, und manchmal sogar noch weiter, in die Wälder von *Clongowes*, die er aus seiner frühen Kindheit kannte, zu den nicht weit entfernten *Wicklow Hills*, weiter weg nach Galway, in die Geburtsstadt seiner Frau, und hinunter nach Cork, der Heimat seines Vaters. Alain Le Garsmeurs brillante Kamera folgt ihm an diese Plätze. Doch darf man seine Photographien nicht als Illustrationen von Joyces außergewöhnlichen Texten verstehen, da die inzwischen verstrichene Zeit ein solches Vorhaben als widersinnig erscheinen ließe. Diese Bilder sollen vielmehr ein freudiges Wiedersehen mit Stätten sein, die durch Joyce unvergeßlich geworden sind. In *Ulysses* spielt Joyce verhalten mit dem Wort »Parallaxe«, ein technischer Fachbegriff für die Tatsache, daß ein Objekt, aus verschiedenen Perspektiven betrachtet, jeweils anders erscheint; und der Roman schöpft dieses Phänomen reichlich aus. Alain Le Garsmeur betrachtet Dublin und Irland so, wie es durch Joyces Texte vermittelt wird, aber er wählt auch verschiedene eigene Gesichtspunkte, und der Leser wird seine Bilder von Stadt und Land ebenso eindrucksvoll wie aufschlußreich finden.

Joyce versteht es, durch intensive Betrachtung des Gewöhnlichen das Außergewöhnliche sichtbar zu machen. Er selbst bezeichnete diese Momente der Einsicht als »Epiphanie«, ein Terminus der katholischen Kirche, die Herz und Verstand des ehemaligen Jesuiten-Schülers geprägt hatte. »Epiphanie« bedeutet Offenbarung, und Joyce hatte Freude daran, die künstlerische Gestaltung dessen, was er gese-

Nora und Joyce in Zürich

hen hatte, zu offenbaren. Die vorliegende Gegenüberstellung von Text und Bild soll in erster Linie ein Loblied auf Joyces »Auge« sein.

Als solches spricht es für sich selbst. Aber Joyces Kunst reduziert sich nicht nur auf das, was er gesehen hatte, sondern sie spricht auch aus dem, was er gehört hatte. In seinem Originalnotizbuch, das noch erhalten ist und veröffentlicht wurde, schrieb er fünfzig Epiphanien nieder, wobei er zwischen visuellen und akustischen Wahrnehmungen unterschied. Wenn Joyce in *Finnegans Wake* die verschiedenen Seiten seines Ichs in zwei gegensätzliche Brüder, Shem und Shaun, projiziert, so ist der besonnene »Shaun the Post« (Shaun, der Postbote) eine Art Kameramann, das heißt, seine Wahrnehmung findet vorwiegend über das Auge statt, während sein phantasiereicher und etwas schwieriger Bruder »Shem the Penman« (Shem, der Mann der Feder) »ganz Ohr« ist. Es erscheint uns wichtig, in dieser einleitenden Betrachtung unser Augenmerk gerade auch auf letzteres zu legen: Auf Joyces Ohr, mit seiner großartigen Gabe, aufzunehmen, wie Leute wirklich sprechen und wieviel mit Worten gesagt werden kann. Sicherlich benutzt er an bestimmten Stellen in *Ulysses* und fast durchgängig in *Finnegans Wake* nicht das traditionelle Handwerkszeug eines Schriftstellers und fällt in die selbstgefällige Schwelgerei eines Dichters, der die Sprache zum eigentlichen Sujet der Dichtung emporhebt. Auch ist es wahr, daß solch ein Spiel mit Worten uns verwirrt, überwältigt und uns weg von dem treibt, was wir Realität nennen. Und doch ist gerade in diesen Momenten die Echtheit des Dialekts, die wirkliche Sprache, die tragende Säule seiner Arbeit. Joyces schöpferische Freude an Rhythmus und Modulation der Sprache beweist seine Menschlichkeit und macht sein literarisches Werk aufregend, schön, und in der Sprache Dublins oft auch sehr lustig.

Joyce wuchs in einem Dublin auf, das von Hoffnungslosigkeit und Unterdrückung geprägt war, und das, nach dem Tod von Parnell (1891), dem »ungekrönten König Irlands«, seine Orientierung verloren hatte. Die Geschichte seiner eigenen Familie spiegelt den allgemeinen Zusammenbruch und Zerfall wider. Obwohl sein Vater John Joyce, der Vorbild für die Romanfigur des Simon Dedalus war, sich zweifelsohne umgänglich, witzig und sprachgewandt zeigte, war er auch ein ausschweifender und leichtsinniger Mann, der ein beachtliches Familienerbe durchgebracht und seinen sicheren Arbeitsplatz in der Stadtverwaltung durch seine Trunksucht verloren hatte. So durchlebte die große Familie, von der James das älteste überlebende Kind war, die verschiedenen Stufen der Dubliner Gesellschaft. Joyce senior kannte alle, oder beinahe alle, Kneipen Dublins und deren Stammgäste, besonders die Außergewöhnlichen unter ihnen, und mit der Zeit lernte auch sein Sohn dieses Milieu kennen. Als Joyce in den Jahren 1903/04 mit seinem ersten Buch begann, waren seine Ohren erfüllt von den »Stimmen Dublins«.

Die Erzählposition in *Dubliner* ist distanziert. Joyce bevorzugte schon hier eine Erzählhaltung, die er später im *Porträt* beschreibt. Er bezeichnet den idealen Erzähler als »über seinem Werk stehend«. Die Geschichten entstanden aber offensichtlich zu einer Zeit, in der die Ablehnung und der Ärger des jungen Joyce gegenüber seiner Umgebung voll zum Tragen kam. Das Buch, so erzählte er einem Herausgeber, präsentiert seine Geburtsstadt im Zustand der »Paralyse« und mit einem »ganz eigentümlichen Geruch der Korruption«

behaftet. In *Dubliner* konzentriert sich Joyces treffsicherer Blick auf das, was düster und schmutzig in der Stadt ist, und sein aufmerksames Ohr fängt die Banalität und Hohlheit der Konversation seiner Einwohner ein. Seine Charaktere sind körperlich und moralisch wie paralysiert: so beispielsweise Farrington in »Entsprechungen« (»Counterparts«), der trinkt und sein Kind schlägt; oder der ausgetrickste Bob Doran in »Die Pension« (»The Boarding House«), der in den Ehestand getrieben wird; und nicht zuletzt der Voyeur Lenehan in »Zwei Kavaliere« (»Two Gallants«), der gleichermaßen schmarotzend und ohnmächtig wirkt. Diese Figuren wurden, so erklärte Joyce selbst, mit »rücksichtsloser Gemeinheit« gezeichnet, was in all den Jahren immer wieder zitiert wurde.

Diese »Gemeinheit« ist sicherlich Teil des innovativen Stils von *Dubliner*, wo es Joyce in beachtenswerter Weise gelingt, die Sensibilität der Charaktere auf die Erzählung zu übertragen. In den besten Geschichten verdanken wir seinem aufmerksamen Ohr jedoch etwas, was noch kostbarer ist: die ernste und zugleich heitere Lebendigkeit in den menschlichen Stimmen, die er aufzeichnet. Gegenüber einem zukünftigen Verleger bezeichnete er sein Buch als »Kapitel der moralischen Geschichte meines Landes«, was sehr ominös klingen mag. Sein distanzierter Erzählstil vermeidet jedoch jeglichen verurteilenden Kommentar von seiten des Autors, die Charaktere verurteilen sich selbst (denken wir an Corley in »Zwei Kavaliere«), doch erwecken ihre lebendigen Stimmen oft auch menschliche Sympathie, so daß der Leser sogar mit solch verirrten Figuren wie Lenehan und Farrington nachsichtig umgeht. Demnach scheint *Dubliner* doch nicht so rücksichtslos und gemein zu sein. Betrachten wir diese kurze Unterhaltung aus »Efeutag im Sitzungszimmer« (»Ivy Day in the Committee Room«):

> Der Alte ... nahm dann das Stück Pappe wieder zur Hand und fächelte langsam das Feuer, während sein Gefährte rauchte.
> – Achja, sagte er und nahm damit den Faden wieder auf, man weiß eigentlich nicht, wie man die Kinder großziehen soll. Wer hätte auch gedacht, daß er mal so werden würde! Ich hab ihn zu den Christian Brothers geschickt, und überhaupt hab ich für ihn getan, was ich konnte, und dann säuft er so rum. Ich hab doch versucht, was Anständiges aus ihm zu machen.
> Er stellte die Pappe resigniert zurück.
> – Wenn ich nicht ein alter Mann wär, würd ich ihm schon Flötentöne beibringen. Ich würd den Stock nehmen und ihn verbläuen, solang ich mich auf den Beinen halten kann – wie ich das früher oft gemacht hab. Seine Mutter, wissen Sie, die setzt ihm allerhand Rosinen in den Kopf ...
> – Das verdirbt die Kinder gerade, sagte Mr. O'Connor.
> – Allerdings, sagte der Alte. Und Dank kriegt man dafür kaum, nur Unverschämtheit. Er tanzt mir auf der Nase rum, immer wenn er merkt, daß ich mir einen genehmigt hab. Wo soll denn das noch hinführen in der Welt, wenn die Söhne so mit ihren Vätern sprechen?
> – Wie alt ist er? fragte Mr. O'Connor.
> – Neunzehn, sagte der Alte.
> – Warum stecken Sie ihn denn nicht wo hin?
> – Aber ja doch, hab ich diesen versoffenen Lümmel nicht dazu kriegen wollen, seit er aus der Schule ist? *Ich kümmere mich nicht mehr um dich, sag ich. Du mußt dir ne Arbeit suchen.* Aber klar, wenn er ne Arbeit hat, ist's noch schlimmer; er vertrinkt alles.
> Mr. O'Connor schüttelte mitfühlend den Kopf, und der Alte wurde still und starrte ins Feuer.

Der alte Mann enthüllt, gleichermaßen komisch wie traurig, daß er seinen Sohn zu seinem Ebenbild gemacht hat. In *Dubliner* ist dies ein immer wiederkehrendes Motiv: das Kreisen um sich selbst. Die ermüdende Unterhaltung über die Erziehung der Kinder steht exemplarisch für all die oberflächlichen Gespräche, und in Joyces Gesamtwerk stößt man immer wieder auf diese Bloßlegung von leeren Phrasen. In »Efeutag« liefert Joyce wohl die bösartigste Beschreibung des heruntergekommenen, grauen Dublins in den Jahren nach Parnell. Als sich eine Gruppe von Wahlstimmenwerbern trifft und miteinander plaudert, betont das Erwähnen des Todes von Parnell die Sinnlosigkeit der Situation. Dann machen sie sich über ihre Bezahlung Sorgen:

> – Ja, schlitzohrig ist er wie nur was, sagte Mr. Henchy. Er hat nicht umsonst solche kleinen Schweinsaugen. Der Teufel hole seine Seele! Könnte er nicht bezahlen wie ein Mann, statt seinem: *Tjaja, Mr. Henchy, ich muß mit Mr. Fanning sprechen ... Ich hab eine Menge Geld ausgegeben?* So ein gemeiner kleiner Höllenheini! Wahrscheinlich hat er die Zeit vergessen, wo sein kleiner alter Vater dieses Versatzgeschäft in der Mary's Lane hatte.
> – Tatsache? fragte Mr. O'Connor.
> – Mein Gott, ja, sagte Mr. Henchy. Haben Sie nie davon gehört?

»So ein gemeiner kleiner Höllenheini!« ... »Aber ja doch, hab ich diesen versoffenen Lümmel nicht dazu kriegen wollen, seit er aus der Schule ist?« Boshaftigkeit und falsche Moral kennzeichnen das Leben dieser tragikomischen Figuren. In »Die Toten«, der abschließenden und krönenden Geschichte von *Dubliner*, werden diese etwas differenzierter dargestellt. »Die Toten«, eigentlich eine Novelle, weist all die innovativen Methoden der vergangenen Geschichten auf: die distanzierte Erzählposition, die sanfte Art, mit der die Erzählung ohne Vorwarnung in die Sprache der Charaktere übergeht, in ihre eigene begrenzte Welt. Trotzdem unterscheidet sich »Die Toten« von den anderen Geschichten.

Als Joyce im Jahre 1904 im Alter von zweiundzwanzig Jahren Dublin verließ, begleitete ihn Nora Barnacle, die tapfere Frau aus Galway, seine lebenslange Gefährtin und Mutter seiner beiden Kinder, die schließlich (im Jahr 1931) seine Frau wurde. Als er im Jahr 1907 daranging, »Die Toten« zu schreiben, und es dann der Sammlung der *Dubliner* hinzufügte, hatte Joyce die vorangegangenen drei Jahre seinen Lebensunterhalt als Sprachenlehrer in Triest verdient (mit einem kurzen Zwischenspiel als Bankangestellter in Rom). Er hatte drei Jahre eheähnliche Partnerschaft hinter sich und war nun Vater eines Kindes. Triest war eine Weltstadt, und Joyce hatte viele Mitglieder des Bürgertums, aber auch Schriftsteller, Maler und Bohemiens kennengelernt. Er hatte also einiges an Erfahrung gewonnen. Und aus dieser sicheren Distanz zu Irland entwickelte er eine fast verklärende Sehnsucht. »Ich war unnötig hart zu Dublin«, schrieb er an seinen Bruder Stanislaus. Die fröhliche Neujahrsfeier in »Die Toten« deutet auf eine Versöhnung mit seiner Heimatstadt hin. Dublins fehlgeleitete Bürger sind immer noch da, aber man spürt seine reifere Sympathie für sie und für das, was die Stadt selbst zu bieten hat.

Was noch wichtiger ist, der Künstler beschäftigt sich nun mit den Themen Leben und Tod, wobei er eine seltsam beunruhigende Stärke entwickelt. Die Literaturkritik konzentriert sich bei »Die Toten« zumeist auf das eindrucksvolle Ende, den wuchtigen Schlußakkord der letzten Seiten: die alles umfassende, alles versöhnende Vision des fallenden Schnees über Irland, der die Lebenden und die Toten vereint. Trotzdem erwächst die eigentliche Stärke der Geschichte aus der Fülle der Stimmen, durch welche diese komische und sorgenvolle Welt erst entsteht: beim Tanzen, beim Abendessen, auf der Treppe, in der Vorratskammer, draußen im Schnee und schließlich im dunklen Schlafzimmer.

Charakteristisch für Joyces sicheres Sprachgefühl in »Die Toten« sind zwei der Szenen, in denen Gabriel Conroy bei der Neujahrsfeier von seinen Mitmenschen gekränkt wird. In der ersten Szene zu Beginn der Geschichte erleben wir Lily, die Tochter des Verwalters, mit ihrer verärgerten Reaktion auf Gabriels galantes Kompliment: »Die Männer heute haben nur Palavern im Kopf, und wozu sie einen rumkriegen.« Eine weitere Szene folgt gegen Ende der Geschichte, wenn Joyce indirekt das Thema des tatsächlichen oder geistigen Ehebruchs einführt (ein Thema, welches in allen seinen Werken auftaucht). Gabriels Frau Gretta spricht in einfacher und mitleiderregender Weise über den Tod eines früheren Liebhabers, der von ihr nicht erhört wurde:

> – Ich flehte ihn an, sofort nach Hause zu gehen, und sagte ihm, er würde sich im Regen den Tod holen. Aber er sagte, er wolle gar nicht leben. ... Und als ich grade eine Woche im Kloster war, starb er und wurde in Oughterard begraben, wo seine Familie herkam. Ach, der Tag, an dem ich das hörte, daß er tot war!
> Sie brach ab, da Weinen ihre Kehle zuschnürte....

Die Sicherheit, mit der Joyce die gegensätzlichen Ausdrucksweisen trifft, die flache und trotzdem rhythmische Härte der Sprache des Mädchens aus Dublin, der sanfte Kummer der Frau aus Galway, zeigen, daß Joyce bereits im Alter von fünfundzwanzig Jahren Meister dieses intensiven Realismus war, den er in seinem späteren literarischen Werk in so wirkungsvoller Weise entfaltete.

Im Jahr 1904 begann Joyce mit dem autobiographischen Roman *Stephen der Held (Stephen Hero)*. Unzufrieden mit dem, was er geschrieben hatte, legte er ihn beiseite, nachdem er einen großen Teil davon vernichtet hatte. Die noch erhaltenen Kapitel wurden wiedergefunden und einige Jahre nach Joyces Tod in den USA veröffentlicht. (Wie hätte er dieses Unternehmen gehaßt und es als ästhetischen Betrug angesehen.) Aber *Stephen der Held* existiert nun einmal, und wer es gelesen hat, kann es nicht einfach vergessen. Faszinierend als eigenständiges Werk, verändert, ja erweitert es unser Verständnis für Joyces Intention in *Ein Porträt des Künstlers als junger Mann*. Stephen Dedalus erscheint hier zum ersten Mal als zwanzigjähriger »Daedalus«, eine schwierige, kantige Figur, intelligent, eingebildet, ungeduldig und gesellschaftlich und sexuell verunsichert. *Stephen Hero* ist in einem sehr nüchternen Erzählton geschrieben, und gelegentlich weist es einen frischen und kraftvollen Realismus auf. Aber es hat etwas Schwerfälliges und Gewöhnliches an sich, was seinem Autor offensichtlich mißfiel. Er ließ das Manuskript drei Jahre lang liegen und begann dann damit, es zu überarbeiten; er gestaltete es nicht mehr so eindeutig und durchsichtig, sondern mit vielen Andeutungen und Doppeldeutigkeiten, kürzte es und formte die Figur des Stephen Dedalus so um, daß sie den tiefsinnigen und vielschichtigen Zielen, die er mit diesem Buch verfolgte, gerecht wurde.

Die fünf Kapitel des *Porträt* erzählen die Entwicklungsgeschichte des Stephen Dedalus vom Kind zum jungen Mann, der sich zunächst bemüht, die Welt Dublins, in die er geworfen wird, zu verstehen, dann aber versucht, sich von ihr zu lösen, ihrem Fangnetz zu entgehen. Der Weg in die Freiheit, so entdeckt Stephen Dedalus, führt über die Kunst: Mit Hilfe der Kunst kann er seine Welt ordnen und neu gestalten.

Joyce hatte bereits in *Dubliner* verschiedene ausdrucksstarke Techniken der Strukturierung angewandt, wie unterschiedliche Sprachgestaltung und die Anordnung von bestimmten Themenbereichen. Auf solche Ordnungsprinzipien stoßen wir überall im *Porträt*. Dedalus' eigenartiger Name zeigt uns, daß er einerseits zwar eine repräsentative, symbolische Figur ist, aber andererseits einfach auch der junge Mann, den wir kennenlernen. Auf den ersten Seiten werden die verschiedenen Themen eingeführt. Diese lösen eine Vielzahl von Bildern und Symbolen aus – Bilder des Fliegens, des Wassers, der Farbe –, die den Leser ganz in Stephens Welt hineinziehen und die Bedeutung seiner körperlichen, geistigen und ästhetischen Erlebnisse veranschaulichen sollen.

All dies ist sehr interessant, aber am interessantesten und aufschlußreichsten sind doch die verschiedenen »Stimmen«, d.h. Sprachstufen, die Joyce anwendet, um Stephens wachsendes Erkenntnisvermögen in Szene zu setzen und darzustellen. Die erste Sprachstufe im *Porträt* ist die Babysprache, in der Stephens Vater ihm eine rätselhafte Geschichte erzählt:

> Es war einmal vor langer Zeit und das war eine sehr gute Zeit da war eine Muhkuh die kam die Straße herunter gegangen und diese Muhkuh die da die Straße herunter gegangen kam die traf einen sönen tleinen Tnaben und der hieß Tuckuck-Baby ...

Dann beginnt die Unterwerfung. Und Stephen muß viele tyrannische und infame Stimmen erdulden, bevor er, mit einundzwanzig Jahren, seine eigene Stimme als Hauptfigur und Künstler findet, der triumphierend und prahlend Dublin verläßt, um nach Paris zu gehen: »Als Millionster zieh ich aus, um die Wirklichkeit der Erfahrung zu finden und in der Schmiede meiner Seele das ungeschaffene Gewissen meines Volkes zu schmieden.«

Das *Porträt* bietet einige berühmte, sprachlich formvollendete Szenen: Vater Arnalls furchterregende Schulpredigten von der Hölle oder Stephens weitschweifige Rede über die Ästhetik. Und doch beeindrucken uns diese formellen Vorträge, obwohl sie in sehr überzeugender Weise niedergeschrieben sind, nicht so sehr wie die Szenen, in denen Joyces Ohr aufmerksam gelauscht hat: Stephen als verängstigter kleiner Junge, der den Ungerechtigkeiten der Erwachsenen und den Prügeln des Priesters, die seinen Körper zusammenzucken lassen, ausgeliefert ist: »Die Tür ging leise auf und zu. ... Heraus, Dedalus. Fauler, kleiner Drückeberger. ... Vor die Hand, augenblicklich!« Oder Stephen beim Abendessen an Weihnachten, der verwirrt, aufgeregt und verängstigt ist wegen des Streits und den Tränen der Erwachsenen: wegen seiner Tante, die er Dante nennt und die starrköpfig an den Phrasen engstirniger Frömmigkeit festhält, und wegen seinem Vater und Mr. Casey, die sich gegenseitig zur Priesterbeleidigung anstacheln, um dann in weinerlicher und doch sehr bewegender Weise Parnell zu huldigen – allein dies ist schon eine brillante Kurzgeschichte an sich:

> – Es konnte nicht Glück noch Gnade sein, sagte Dante, in einem Haus, wo es an Achtung vor den Oberhirten der Kirche gebricht.
> Mr. Dedalus warf Messer und Gabel geräuschvoll auf seinen Teller.
> – Achtung! sagte er. Vor Billy mit der Lippe etwa oder vor dem Fettwanst oben in Armagh? Achtung!
> – Kirchenfürsten, sagte Mr. Casey mit gedehntem Hohn.
> – Lord Leitrims Kutscher, ja, sagte Mr. Dedalus.
> – Es sind die Gesalbten des Herrn, sagte Dante. Sie sind der Stolz ihres Vaterlandes.
> – Fettwanst, sagte Mr. Dedalus derb. Er hat'n hübsches Gesicht, wenn er schläft, immerhin. Den Burschen müßtet ihr mal sehn, wie er an 'nem kalten Wintertag sein Kohlgemüse mit Speck runterschlürft. Liebe Zeit!
> Er verdrehte sein Gesicht zu einer ausgesprochen tierischen Grimasse und machte ein Schlürfgeräusch mit den Lippen.
> – Wirklich, Simon, sagte Mrs. Dedalus, so darfst du nicht vor Stephen sprechen. Es ist nicht recht.
> – O, er wird sich an all das erinnern, wenn er groß ist, sagte Dante hitzig – die Sprache, die er gegen Gott und die Religion und die Priester in seinem eigenen Elternhaus hören mußte.

Sicherlich hat Joyce selbst sich bei diesen Worten zurückerinnert, ebenso wie ihm auch eine Reise nach Cork, die er im Alter von zwölf Jahren mit seinem verschwenderischen Vater unternommen hatte, im Gedächtnis geblieben war. Dies wiederum hat er später im *Porträt* in das Bild des heranwachsenden Stephen transformiert, der verwirrt und besorgt ist über sein wachsendes sexuelles Verlangen und seine sexuellen Phantasien und der zwar die »ungeschlachte männliche Gesundheit« seines Vaters beneidet, aber auch vor dessen Wirtshausfröhlichkeit zurückschreckt:

> – Dein Vater, sagte das alte Männchen zu Stephen, war seinerzeit der tollste Poussierstengel in der Stadt Cork. Weißt du das?

Stephen schaute unter sich und studierte den Fliesenboden der Kneipe, in die sie sich hatten treiben lassen.

– Nun setzt dem mal keine Sputzen in den Kopf, sagte Mr. Dedalus. Laßt ihn mit Gott aber laßt ihn.

– Was denn, was denn, ich werd dem doch keine Sputzen in den Kopf setzen. Ich bin alt genug, daß ich sein Großvater sein könnte. ...

– Wir sind so alt wie wir uns fühlen, Johnny, sagte Mr. Dedalus. Und jetzt trinkt mal aus und wir bestellen noch eine Runde. Hier, Tim oder Tom oder wie du sonst heißt, gib uns dasselbe noch mal. Lieber Gott, ich fühl mich nicht älter als achtzehn. Mein Sohn da ist nicht halb so alt wie ich, aber sieben Tage die Woche bin ich besser beinander als der. ...

– Aber hier schlägt er dich, sagte das alte Männchen, tippte sich dabei an die Stirn und hob dann sein Glas, um es zu leeren.

– Jedenfalls hoffe ich, daß er mal ein Kerl wird wie sein Vater. Mehr kann ich nicht sagen, sagte Mr. Dedalus.

Joyces aufmerksamem Ohr verdanken wir einprägsame und wunderschöne Stimmschattierungen in der Erzählung von Stephens Freund Davin. Er beschreibt die Begegnung mit einer einsamen jungen Frau in den westlichen Bergen (siehe Seite 66). Diese Geschichte vom »verborgenen irischen Leben« bezaubert Stephen zwar, verwirrt ihn aber auch gleichzeitig, durch ihren verlockenden, geheimnisvollen, sexuellen Drang und die Veranschaulichung männlicher Unsicherheit gegenüber weiblicher Sexualität. Beim Aufspüren der Widersprüche zwischen Körper und Geist im *Porträt* kommt dieser Episode eine Schlüsselfunktion zu. Davins Stimme klingt weiter durch das ganze Buch hindurch und bewirkt durch ihre sanfte, rhythmische Art und die Einfachheit, die in ihr schwingt, eine eigentümliche Spannung bei Stephen und beim Leser.

Joyce zeichnet die Charaktere und ihre Ausdrucksweise mit subtiler Geschicklichkeit. So wäre beispielsweise dieser letzte leidenschaftliche Ausruf: »Als Millionster zieh ich aus...«, als Ausdruck einer beunruhigenden jugendlichen Naivität sehr schwer verständlich, wenn wir nicht sorgfältig darauf vorbereitet worden wären. Joyce hat uns jedoch bis dahin so viele Beispiele dafür gegeben, was es heißt, ein junger Mann und aufstrebender Künstler zu sein, daß dieser pathetische Anflug am Ende gerechtfertigt erscheint.

Joyce beendete das *Porträt* im Jahr 1914, und es erschien 1916 erstmals vollständig in New York. *Ulysses* wurde im Jahr 1922 zum ersten Mal als ganzes Werk veröffentlicht. Zu diesem Zeitpunkt war Joyce schon weltweit bekannt. Und doch verbirgt sich hinter diesen nüchternen Fakten die turbulente Geschichte eines Existenzkampfes.

Die Zeit in Triest war für Joyce besonders schwer. Joyce lebte dort buchstäblich von der Hand in den Mund, er schnorrte, wo er nur konnte, und schuftete als schlechtbezahlter Englischlehrer. Wie sein Vater war er verschwenderisch und lebte extravagant, sobald er Geld in den Händen hatte, und er verbrachte ebenso wie sein Vater eine Menge Zeit damit, seinen Gläubigern zu entfliehen, und zog deshalb von einer schäbigen Wohnung in die andere. Und allgegenwärtig war dieser deprimierende Kampf, nicht um Anerkennung – inzwischen hatte sich das Talent dieses aufsehenerregenden neuen Schriftstellers herumgesprochen –, sondern um die Veröffentlichung seiner Arbeit, da ängstliche Verleger und Drucker vor der Offenheit seiner Kunst zurückschreckten.

Es hatte schließlich zehn Jahre gedauert, bis *Dubliner* veröffentlicht worden war. Das *Porträt*, obwohl Joyce lang daran herumgefeilt hatte, wurde schneller angenommen. Und als *Ulysses* im Jahr 1918 in der New Yorker Zeitschrift *Little Review* als Serie erschien, führte der empörte Protest, der Joyce der Blasphemie und Obszönität anklagte, dazu, daß das US-Hauptpostamt im Jahr 1920 die ersten vier Ausgaben der Zeitschrift mit der Serie beschlagnahmte und verbrannte. Schließlich stimmte Joyce, der sein Buch unbedingt publiziert sehen wollte, einer Pariser Veröffentlichung zu (1922). Schnell wurde es in den USA und Großbritannien verboten, und erst nach Jahren des Rechtsstreits konnte das Buch in New York (1934) und London (1936) gedruckt werden. *Ulysses* war zu einer Art Schmuggelware geworden und wurde schuldbewußt in braunes Papier gewickelt. Trotzdem war es nicht schwer, dieses Buch in Dublin zu bekommen; P.S. Hegarty´s Irish Bookshop in der Dawson Street verkaufte es ungehindert, wenn auch manchmal unter dem Ladentisch.

Joyce hatte in Triest mit *Ulysses* begonnen, und 1915 verschlug ihn der Erste Weltkrieg ins neutrale Zürich. Dort arbeitete er vier Jahre mit Beständigkeit an seinem neuen Manuskript. 1920 ließ er sich schließlich in Paris nieder, wo er den größten Teil seines restlichen Lebens wohnte und arbeitete. In der Entstehungszeit von *Ulysses* vollendete er sein einziges Theaterstück, *Verbannte (Exiles)*. Dieses Stück mit seiner quälenden, angespannten Analyse des heimlich begehrten Ehebruchs ist für jeden Joyce-Liebhaber Pflichtlektüre. *Verbannte* bietet jedoch wenig oder gar nichts für das Auge, und in seinen förmlichen, ja sogar gestelzten Dialogen scheint Joyce sein Ohr von der lebendigen, lebensechten Sprache Dublins abgewandt zu haben.

Bei *Ulysses* ist dies etwas ganz anderes. Viele der Figuren aus *Dubliner* tauchen hier wieder auf, die meisten läßt Joyce zu Wort kommen; und eine ganze Reihe neuer Personen wird hinzugefügt, oft werden Originale aus Triest und Zürich in die Welt Dublins übertragen. Tatsächlich sind auch zwei der drei Hauptfiguren von *Ulysses*, Leopold Bloom und seine Frau Molly, in wesentlichen Zügen auf Personen aus Joyces Bekanntenkreis während seiner Jahre im Exil zurückzuführen. Die dritte Figur ist Stephen Dedalus aus dem *Porträt*. In einfachen Worten beschrieben, ist der Roman die Beschreibung eines einzigen Tages – des 16. Juni 1904, nun allgemein bekannt als »Bloomsday« – im Leben dieser drei Charaktere.

Stephen ist von seinem Pariser Abenteuer zurückgekehrt und hat in der Schmiede seiner Seele wenig Bereicherung erfahren. Seine Mutter ist inzwischen nach einer schmerzhaften Krankheit gestorben; er hat sich von seinem leichtsinnigen Vater entfremdet und lebt nun in einem verlassenen Martello-Turm zusammen mit Buck Mulligan, einem klugen, aber arroganten Medizinstudenten. Im Verlauf seines langen, meist melancholischen Tages verliert Stephen seine Wohnung an den »Usurpator« Mulligan, hängt, nach einem unbefriedigenden Unterrichtsmorgen, seinen Job als Lehrer an den Nagel, versucht, ohne Erfolg, eine Gruppe von Dubliner Literaten mit seinen cleveren, aber überspannten Theorien über *Hamlet* und Hamlets verlorenen Vater zu beeindrucken und redet und trinkt den Rest des Tages mit Dubliner Herumtreibern. Er wandert ziellos durch die Stadt, bis er, verlassen von seinen Gefährten, ziemlich betrunken in einem Bordell in der »Nachtstadt« landet, wie Joyce das alte Dubliner Rotlichtviertel nennt. Wieder draußen, wird er von einem englischen Soldaten niedergeschlagen.

Leopold Bloom ist ein unbedeutender, jüdischer Annoncenakquisiteur, verheiratet mit einer nichtjüdischen Frau, Molly, mit der er eine fünfzehnjährige Tochter, Milly, hat. Auch Bloom hat Grund, melancholisch zu sein. Seine Gedanken sind erfüllt vom Selbstmord seines Vaters und vom Tod seines kleinen Sohnes; auch beschäftigt ihn die Tatsache, daß seine Frau ein Verhältnis mit einem anderen Usurpator, »Blazes« Boylan, hat, ein Unternehmer und Lebemann. Dieser Verrat ist für Bloom um so schmerzlicher, da er seit der Geburt seines Sohnes Rudy, bzw. seit dessen frühem Tod vor über zehn Jahren keine sexuelle Beziehung mehr zu Molly hat. Im Gegensatz zu Stephen wandert Bloom jedoch nicht ziellos durch Dublin, sondern geht seinem unsicheren Beruf nach, nimmt an einer Beerdigung teil, besucht eine Frau, die kurz vor der Entbindung steht, unternimmt weitere kleine, soziale Dienste und sucht, nebenbei, nach kleinen, heimlichen, sexuellen Erregungen.

Am Ende eines Tages, an dem sich ihre Wege gelegentlich gekreuzt haben, sieht Bloom den betrunkenen Stephen, folgt ihm und befreit ihn von seinen Schereien mit englischen Soldaten. Bloom nimmt ihn mit nach Hause; sie reden, zumeist aneinander vorbei, sind dann stumm und schläfrig und gehen wieder auseinander, vielleicht, um sich erneut zu treffen, vielleicht auch nicht. Beide mußten während dieses Tages Unterdrückung und Kränkung erleiden: Stephen beispielsweise als ausgenützter Freund, zurückgewiesener Sohn, verkannter Künstler und Bloom als frustrierter Geschäftsmann, als betrogener Ehemann, als Jude. Beide fühlen sich als Außenseiter; nun haben sie sich getroffen. Nichts Dramatisches passiert, aber tatsächlich und symbolisch trifft ein Künstler einen einfachen Bürger, ein Sohn trifft einen Vater, ein Grieche trifft einen Juden.

Die hübsche, pummelige Molly, eine Sängerin, zu deren Repertoire klassische und populäre Unterhaltungsmusik gehören (von der Art, wie sie Joyce liebte), verbringt fast diesen gesamten Tag im Bett; anfangs alleine, nachmittags mit Boylan, und dann, spät in der Nacht, mit ihrem Mann, dem zurückgekehrten Wandersmann. In der langen Schlußepisode von *Ulysses* träumt Molly von sich selbst, von ihrer Tochter, ihrem toten Sohn und von verschiedenen Männern: von ihren jetzigen und früheren Liebhabern, von dem vor kurzem fortgegangenen und unbefriedigenden Boylan, von dem faszinierenden jungen Besucher Stephen und vor allem von ihrem Ehemann Leopold, »Poldy«, zu dem ihre Gedanken immer wieder zurückkehren, wenn das Buch mit ihren zarten erotischen Träumen endet.

Ulysses hat mehrere Themen. Auf der alltäglichen Ebene geht es um Ehemänner und Ehefrauen, Väter und Söhne, Väter und Töchter und um die Launen der Sexualität, die den einzelnen und das Zusammenleben beeinflußen. Es handelt von Geburt und Tod, und, wie Joyce es zurückhaltend formuliert, »von dem Wort, das alle Menschen kennen«: von der Liebe. Dublin im Jahr 1904 wird als moderne Metropole dargestellt, mit seinen Trambahnen und Zügen, seinen Märkten und Monumenten, seinen öffentlichen Institutionen, seinen großartigen Häusern und den erbärmlichen Slums. Joyce zeigt uns alles mit höchster, fast abergläubischer Genauigkeit bezüglich der topographischen und historischen Details. Er vergißt beispielsweise auch nicht, die soziale, politische und wirtschaftliche

Spannung der kolonisierten Stadt wiederzugeben, deren vizeköniglichen Sitz zu dieser Zeit William Humble, Graf von Dudley, innehielt. Und immer und immer wieder mobilisiert er all die Sinne, Sehen, Hören, Tasten, Riechen, um uns einen genauen Eindruck von der Stadt und ihren Bewohnern zu vermitteln:

> Heißer Mockturtle-Dampf und der Dunst frischgebackener Marmeladenpuffer drang bei Harrison nach draußen. Der schwere Mittagsgeruch kitzelte Mr. Bloom in der Kehle.

> Ein Knistern und weiches Klatschen machte ihr Korsett auf dem Bett. Immer warm von ihr. Machte sich immer gern frei. Saß dann noch bis fast zwei Uhr, nahm die Haarnadeln raus.

> Ein Trupp Konstabler kam aus der College Street gestiefelt, im Gänsemarsch. Stechschritt. Vom Essen erhitzte Gesichter, verschwitzte Helme, Tätscheln an Gummiknüppeln. Fütterung vorbei, einen schönen Schlag fette Suppe hinter dem Koppel ... Grasen ab das grünegrüne Gras.

> Dasselbe blaue Serge-Kleid hatte sie schon vor zwei Jahren, mit dem ausbleichenden Flor. Hat seine besten Tage längst hinter sich. Dünner Haarwisch über ihren Ohren. Und diese schlampige Toque, drei alte Weintrauben dran, damit nicht gar zu dürftig aussieht.

In *Ulysses* wird die Frage nach dem Wesen der Kunst, wie sie im *Porträt* gestellt wird, weiterentwickelt; zugleich wird die Nähe des Künstlers zum wahren Leben gefordert. Stephen trifft Bloom. Das Thema des Romans ist aber auch, wie oft in der Literatur der Moderne, der Roman selbst und die Art und Weise, wie er geschrieben werden sollte; es geht auch darum, was man mit Worten machen und darstellen kann. Im Titel macht Joyce seine weitreichendste Andeutung: Das Ganze soll eine ernst-komische Version der antiken Homer-Erzählung sein. Bloom ist ein moderner Odysseus, ein Alltagsheld in einer modernen Stadt; Molly beginnt als die Nymphe Calypso und endet als Penelope, die auf ihre Weise Bloom treu ist; Stephen ist ein verirrter Telemachus auf der Suche nach seinem geistigen Vater. Dutzende von kleineren Charakteren, die im Schauplatz Dublin auftauchen, haben ihr Gegenstück bei Homer. Ein Beispiel: Aus dem wütenden, erblindeten Cyclop, der dem fliehenden Odysseus einen Felsblock nachschleudert, wird ein angetrunkener irischer Patriot, der in blinder Wut Bloom eine Keksdose hinterherwirft, als dieser nach einer Auseinandersetzung aus Barney Kiernans Kneipe flüchtet.

Diese Episode ist darüber hinaus ein Kapitel, in dem die Technik der Parallaxe eine wichtige Rolle spielt: Zwei völlig unterschiedliche »Stimmen« erzählen abwechselnd dasselbe Ereignis. Zeitweise erhebt sich der schwülstige Stil der patriotischen irischen Literatur, dann erdröhnt die hämische, herrlich hartherzige Tirade eines Dubliner Säufers. Letztere ist besonders beeindruckend. Hier wird, in einem brillanten Absatz, die traurige Geschichte von Bob Doran aus *Dubliner* erzählt:

> Und dann solltet ihr ihn mal sonntags sehn, mit seinem kleinen Betthäschen von Eheweib, wie die ihren Steiß da durchs Kirchenschiff schwingt, mit Lacklederstiefeln an, unter dem tut sies nicht, und mit ihren Veilchen, also glatt zum Anbeißen, und ganz auf kleine Dame gemacht alles. Jack Mooneys Schwester. Und die alte Hure von Mutter vermietet Zimmer an Straßenpärchen. Bei Gott, Jack hat ihn sich aber vorgeknöpft. Hat ihm gesagt, wenn er nicht endlich die Bremse zieht, Jesus, dann tritt er ihm die Scheiße ausm Arsch.

Die Ironie im Cyclopen-Kapitel ist, wie anderswo, offensichtlich: In einer modernen Epik kann es keine Helden geben. Die Verweise auf Homer jedoch, wie beispielsweise andere Techniken und Darstellungsformen, Wortspiele und Wiederholungen, das Hervorheben von Gelehrtheit, Parodien, all das ist da, um die Ordnung des Künstlers auf das tägliche Leben und die ungeordnete Natur zu übertragen. Der Einfallsreichtum in *Ulysses* ist beachtlich. Die musikalische Sirenen-Episode ahmt die Entwicklung einer Fuge nach; eine andere Episode ist in der süßlichen Sprache eines Mädchenmagazins geschrieben; in einer dritten werden nur Klischees verwendet. Der Abschnitt »Circe« bietet eine Art Alptraum-Schauspiel, in dem sich Tausende von Stimmen erheben, d.h. in welchem das Unterbewußtsein der Hauptpersonen zum Vorschein kommt, so beispielsweise Stephens Schuldgefühle und Ängste aufgrund des Todes seiner Mutter und Blooms masochistische Neigungen, die auf das nachmittägliche Abenteuer seiner Frau zurückzuführen sind. Die Episode »die Rinder des Sonnengottes«, die in einer Entbindungsanstalt spielt, ist nicht nur eine parodistische Nachahmung der verschiedenen Entwicklungsstufen der modernen englischen Prosa, sondern auch eine Imitation des Heranreifens des Kindes im Mutterleib.

Ulysses zu lesen wird oft als entmutigende Erfahrung angesehen, aber allzu übertriebene Ehrerbietung ist nicht angebracht. Man sollte einigen homerischen Parallelen auf alle Fälle ein respektvolles Kopfnicken erweisen (die meisten, so vermutet man, sind weniger dem Leser zugedacht als vielmehr Grundgerüst des Autors); auch sollte man vor so viel großartigem Einfallsreichtum den Hut ziehen. Schenken wir zudem dem innovativen Modernismus Beachtung und bewundern wir Joyces zukunftsweisende Experimente in Sachen »Meta-Dichtung«. Aber am Schluß sollten wir dankbar erkennen, daß hinter dem labyrinthähnlichen Kunstgebilde des Romans das wahre Leben steht und letztendlich als Sieger hervorgeht. Es ist auf vergnügliche Weise paradox, daß uns die geordnete Struktur von Ulysses etwas hinterläßt, was wunderbar lebensecht und ungeordnet ist: das natürliche Durcheinander der »Stimmen Dublins«.

Der Roman ist voll von verschiedenartigsten Stimmen. Ihre reiche Mehrstimmigkeit fällt schon in der ersten Episode auf, wo Stephen und Mulligan an diesem herrlichen Junimorgen auf der Plattform ihres Martello-Turms, der die Bucht von Dublin überschaut, miteinander scherzen. Alles ist erfüllt von sprühendem Leben und Witz; und doch hat das Ganze den fahlen Beigeschmack von Feindschaft, Streit und Betrug. Der unverfrorene Usurpator Mulligan macht sich immerzu lustig und ist immer in Angriffsstimmung. Als Haines, sein ernster englischer Gast, spricht, ist er zu laut, zu selbstgefällig und zu herablassend gegenüber den Iren. Die alte Milchfrau ist untertänig oder ahmt Untertänigkeit nach, ihre Sprache zeigt, daß sie eifrig bemüht ist, zufriedenzustellen und zu besänftigen. Unter all diesen Stimmen ist die von Stephen besonders gewandt und witzig, aber durchzogen von Traurigkeit und Schuldgefühlen. Und sie hat ein weiteres Charakteristikum: Sie bleibt stumm, solange Stephen die Handlung zwischen Mulligan, Haines und der Milchfrau verfolgt:

> Sie beugt ihr altes Haupt vor einer Stimme, die laut zu ihr spricht, vor ihrem Knochenflicker, ihrem Medizinmann; mich schätzt sie gering. Vor der Stimme, die lossprechen wird und ölen fürs Grab alles, was an ihr ist, bis auf ihre weibsunreinen Lenden, aus Mannes Fleisch gemacht und nicht nach Gottes Bilde, der Schlange Raub. Und vor der lauten Stimme, die sie nun schweigen heißt, mit staunenden unsteten Augen.

Stephen hört wortlos zu. Er spricht mit sich selbst. Und damit kommt die große Neuerung von Ulysses zum Vorschein: der innere Monolog. Diese Technik war nicht Joyces Erfindung, aber mit ihr entdeckte er ganz neue Möglichkeiten, die Persönlichkeit einer Figur darzustellen: der scheinbar zufällige Gedankenfluß, der durch unberechenbare Assoziationen ausgelöst wird – *stream of consciousness*. Stephens und Blooms innere Stimmen, ihre Monologe, klingen wie die direkte Übertragung der Gedanken: spontan und unmittelbar. Natürlich sind auch sie einem Ordnungsschema innerhalb des Gefüges von Ulysses unterworfen: Hinter Stephens Gedanken über die Milchfrau (er sieht in ihr die Personifikation Irlands) versteckt sich ein Thema aus dem *Porträt:* Irland, das einer Kirche und einem Staat untergeordnet und von fremden Herren regiert wird, ignoriert seinen potentiellen Erretter, den Künstler. Das Erstaunliche ist, daß diese inneren Stimmen, Marionetten von Joyces genialer Vorstellungskraft, als reine Kunstgebilde doch so natürlich klingen.

Jede der inneren Stimmen hat ein bestimmtes Merkmal. Stephens Gedanken sind aufgrund seiner vielen spontanen literarischen Anspielungen am schwierigsten zu fassen. Hier hat er beispielsweise gerade mit Bestürzung vom Tod seiner Mutter gesprochen. Mulligan versucht, ihn aufzurütteln, und brüllt hinaus: »Laß das launische Sinnen«, dann zitiert er, mit ebenso dröhnender Stimme, ein paar Zeilen aus einem Yeats-Gedicht, das ihm gerade eingefallen ist:

> Und nimmer geh beiseit´und sinn´
> Der Liebe bitterm Rätsel nach,
> Denn Fergus lenkt die erz´nen Wagen

Yeats Worte bewirken in Stephens Kopf die Erinnerung an eine frühere, biblische Vision, in der er das Meer als »Becken voll bitterer Wasser« sieht, und seine verschlungenen Gedankenpfade verknüpfen dieses Bild mit dem Porzellan-Becken, das am Bett seiner sterbenden Mutter gestanden hatte, und schließlich verbindet er alles mit weiteren Fragmenten desselben Gedichts von Yeats:

> Waldschatten fluteten still vorbei durch den Morgenfrieden, nach See hinaus, wohin er vom Treppenaustritt blickte. Landwärts und weiter draußen weißte sich der Wasserspiegel, gesporrnt von lichtbeschuhten eilenden Füßen. Die weiße Brust der blassen See. Verschmelzende Hebungen, zwei und zwei. Eine Hand, zupfend die Harfensaiten, die ihre verschmelzenden Klänge ineinander schlangen. Wellweiß umwundene Worte, schimmernd auf blasser Flut.
> Eine Wolke begann langsam die Sonne zu bedecken, die Bucht verschattend in tieferem Grün. Da lag es hinter ihm, ein Becken voll bitterer Wasser. Fergus´ Lied: ich sang es allein im Hause, dehnend die langen dunklen Klänge. Ihre Tür stand offen: sie wollte meine Musik hören. Still vor Scheu und Mitleid trat ich an ihr Bett. Sie weinte auf ihrem Elendslager. Um dieser Worte willen, Stephen: der Liebe bittres Rätsel.
> Wo jetzt?

Der ganze Reichtum von Joyces Erzählkunst findet sich verdichtet hier wieder. Alles ist Technik und Kunstgriff und wirkt doch so natürlich und eindringlich.

Blooms innere Stimme ist ganz anders. Klang und Rhythmus sind einfach und gemütlich. Sein Geistesleben ist das eigentliche Herz von *Ulysses*. Es bewegt sich auf einer realistischen Ebene und beschäftigt sich mit der Welt außerhalb seines Kopfes, etwas, was Stephen noch lernen muß; es ist bescheiden und doch mit größerer Beobachtungsgabe ausgestattet als das Stephens. An dieser Stelle des Romans denkt Bloom an die Frau im Entbindungsheim:

> Das muß man sich mal vorstellen: drei Tage stöhnend auf einem Bett, ein essiggetränktes Taschentuch auf der Stirn, der Bauch prall geschwollen! Puh! Einfach furchtbar! Kopf des Kindes zu groß: Zange. Zusammengekrümmt in ihrem Inneren, versucht sich blind nach draußen zu stoßen, tastet nach dem Ausgang. Umbringen würde mich das. Molly hat Glück gehabt, hats glatt geschafft. Da sollten sie wirklich mal was erfinden, daß das ein Ende nimmt. Diese ewigen Wehen: Lebenslänglich mit Zwangsarbeit. Die Idee mit dem Dämmerschlaf: bei Königin Viktoria hat man das gemacht. Neun hatte die. Gute Legehenne. Ein altes Weib, das lebt´ in ´nem Schuh, es hatte so viele Kinder. Also ich nehme ja stark an, daß er schwindsüchtig war. Wird höchste Zeit, daß sich da mal jemand Gedanken drüber macht, anstatt vom wie ging doch das Zeug vom sinnenden Busen des Silberschimmers zu faseln. Alberner Kram, bloß Futter für Narren. Dabei könnte man ganz leicht große Anstalten dafür schaffen. Die ganze Geschichte absolut schmerzlos, und von all den Steuern könnte jedes Kind was geboren wird fünf Pfund kriegen, mit Zinseszins bis zum einundzwanzigsten Lebensjahr, fünf Perzent, das macht einhundert Schilling und fünf, sowas Umständliches, diese Pfundrechnerei, multipliziert mit zwanzig, Dezimalsystem, also das würde die Leute doch sehr ermuntern, was auf die hohe Kante zu legen, man spart da tatsächlich einhundertzehn und ein bißchen, und das einundzwanzig Jahre lang, also das muß ich mal genau auf Papier ausrechnen, gibt ein hübsches Sümmchen, viel mehr als man so glaubt.
> Bei Totgeburten natürlich nicht. Die werden ja auch nichtmal registriert. Verlorene Liebesmüh.

Dieses Verhalten ist typisch für Bloom: seine Besorgtheit um die Frau, die in den Wehen liegt; seine milde Wohltätigkeit; sein Witz, der sanfter ist als der Stephens, und doch beißend genug; sein gesunder Menschenverstand; seine Neigung, manches durcheinander zu bringen (etwa seine Rechenkünste); seine Gedanken, die immer wieder zu Molly wandern, und, damit verbunden, die flüchtige Erinnerung an sein totes Kind – all dies sind kleine Teilstücke in diesem außergewöhnlich detaillierten Mosaik von Blooms Wesen, das Joyce mit Hilfe dieser inneren Stimme aufbaut.

In der Schlußepisode steht der großartige, von hier nach da treibende Gedankenstrom der schläfrigen Molly. Ebbe und Flut ihrer interpunktionslosen, ungehemmten Gedanken über ihr vergangenes Leben und die Tagesereignisse geben der Handlung von *Ulysses* eine neue Perspektive und analysieren erneut die Haltung einiger männlicher Figuren des Romans. Inmitten ihrer erotischen Erinnerungen denkt Molly an ihren kleinen Sohn, der nur elf Tage am Leben war; dann an Stephen, der verschwommene mütterliche und erotische Gefühle in ihr geweckt hat.

> ich glaube vielleicht hätt ich ihn doch nicht in dem kleinen Wolljäckchen beerdigen sollen wo ich so geweint hab beim Stricken sondern es irgendeinem armen Kind schenken aber ich hab gleich genau gewußt ich krieg nie wieder eins unser erster Todesfall war das auch es war nicht mehr wie früher mit uns seitdem oh ich will mich nicht mehr in trübsinnige Gedanken verlieren deswegen möchte wohl wissen wieso er eigentlich nicht über Nacht bleiben wollte ich hatte die ganze Zeit das Gefühl es ist jemand Fremdes den er mitgebracht hat statt durch die Straßen zu streifen wo ihm Gott weiß wer begegnen kann lichtscheues Gesindel und Taschendiebe seine arme Mutter sähe das gar nicht gern wenn sie noch am Leben wäre er kann sich ins Unglück stürzen für immer trotzdem

Mollys Monolog kommt einem echten Bewußtseinsstrom sehr nahe, sie gleitet von einer Assoziation in die andere, ohne grammatikalische oder syntaktische Hindernisse. Dieser sogenannte »Penelope-Abschnitt« ist genauso strukturiert wie jede andere Episode, erzeugt aber trotzdem die brillante Illusion des direkten Kontaktes mit den Gedanken einer fast eingeschlafenen Person. Diese letzte Stimme in *Ulysses* bereitet den Weg für das dann Folgende.

Seit 1920 lebte Joyce in Paris, und, wie erstaunte Besucher oft bemerkten, pflegte er dort einen großbürgerlichen Lebensstil. Er suchte sich teure Wohnungen aus (die er zwar, wie es in der Familie Tradition war, häufig wechselte), aß und trank vor allem in vornehmen Restaurants und war äußerst gastfreundlich gegenüber Freunden und Bekannten. Und warum auch nicht! Er hatte nun einige Rücklagen, erhielt kleinere finanzielle Unterstützungen und im Jahr 1917 eine große Geldsumme, der erstaunlich hohe Summen von der wohlhabenden Harriet Weaver, der Herausgeberin eines englischen Literaturmagazins, folgten, die seine großzügige, für lange Zeit anonyme Gönnerin wurde.

Joyce lebte jedoch immer über seine Verhältnisse. So war er nie ohne Geldsorgen. *Ulysses* und seine Schwierigkeiten, einschließlich des rücksichtslosen Raubdrucks in Amerika, setzten ihm von Anfang bis Ende zu, doch in den ungefähr sechzehn Jahren, in denen er an *Finnegans Wake* arbeitete, tauchten in seinem Leben wesentlich ernsthaftere Schwierigkeiten auf. Seine Sehkraft, die noch nie besonders gut gewesen war, ließ immer mehr nach. Schon 1917 wurde wegen des grünen Stars ein erster operativer Eingriff unternommen, und innerhalb der nächsten zwanzig Jahre mußte er nicht weniger als zwölf schmerzhafte Operationen über sich ergehen lassen. In den späten zwanziger Jahren konnte er nur mit großen Schwierigkeiten lesen. Bei der immensen Aufgabe, die er sich selbst mit seinem neuen Buch gestellt hatte, mußte er sich auf einen erlesenen Kreis von Schülern verlassen, die gewillt waren, diesem besonders ungeduldigen und jähzornigen Meister beim Lesen zu helfen und sich seine Texte diktieren zu lassen.

Noch schmerzlicher für Joyce waren die Probleme mit seiner Tochter Lucia, die mit Anfang Zwanzig erste Anzeichen von Schizophrenie zeigte. 1932 erlitt sie einen schweren Nervenzusammenbruch, und ihre Eltern taten alles, um ihr zu helfen. Nach einigen sehr aufregenden, manchmal auch gewalttätigen Familienszenen schien die Einlieferung in ein Krankenhaus jedoch die einzige Rettung zu sein. Joyce litt sehr darunter.

Ebenso war er sehr besorgt wegen der negativen Reaktionen vieler seiner Schriftstellerfreunde, einschließlich Frau Weaver selbst, auf sein neues experimentelles Werk. Auszüge, die bis zur Veröffentlichung im Jahr 1939 nur unter dem vielversprechenden Titel »Work in Progress« bekannt waren, wurden in den frühen zwanziger Jahren in Avantgarde-Magazinen veröffentlicht. Obwohl einige begeisterte Bewunderer das Werk zu einem Kultbuch erhoben, äußerten viele Schriftsteller, die wichtig für Joyce waren, ihre Verwirrung, ja sogar ihre Bestürzung über die veröffentlichten Auszüge. Mehr als einmal dachte er daran, das Projekt aufzugeben, aber mit außerordentlichem Mut und großer Energie nahm er die ungeheuren Anstrengungen immer wieder auf sich und vollendete »Work in Progress«: *Finnegans Wake* war entstanden.

Als der Tag in *Ulysses* endet, liegt Molly Bloom mit ihren schläfrigen Gedanken neben ihrem Ehemann. *Finnegans Wake* ist ein Nachtbuch, ein Traumbuch. Humphrey Chimpden Earwicker – kurz HCE – liegt in tiefem Schlaf neben seiner Frau, und was er zu sagen hat, wird in Traumsprache wiedergegeben. Joyce erklärte Harriet Weaver einmal, was er beabsichtigte: »Der Mensch verbringt den größten Teil seines Lebens in einem Zustand, der mit unserer herkömmlichen Sprache, einer schablonenhaften Grammatik und geradlinigen Handlung nicht angemessen wiedergegeben werden kann.« Joyces neukonzipierte »Tiefschlafsprache« ist sowohl Erweiterung als auch Abkürzung der »Tagsprache« und ein völliges Novum in der damaligen Literatur. Die Wortgebilde sind gespickt mit Anleihen aus allen möglichen Bereichen und Zeiten. Englische Ausdrücke durchziehen wie lange Fäden Satzgebilde anderer europäischer Sprachen, die mit Sprachfragmenten aus aller Welt angereichert werden. Wortspiele werden auf Bruchstücken von Wortspielen aufgebaut, in gleicher Weise wird mit Redewendungen und Sätzen verfahren. Hinter einem identifizierbaren Satz drängen sich andere hervor; Hunderte von Volksliedern, Balladen, Hymnen, Gebete, Brocken von hier, Fetzen von da, übertönte Zitate von berühmten Schriftstellern, trockene Klischees von weniger berühmten, alles wird übereinander aufgetürmt. Die Sätze funktionieren nicht, sie entziehen sich unserem Verständnis. Hier herrscht Joyces Sprache des Unterbewußtseins, seine schablonenlose Grammatik. Und so ist die rudimentäre Handlung in *Finnegans Wake* auch nicht geradlinig, sondern kreisförmig, und der letzte unvollständige Satz des Buches bringt uns »auf kommodem vicus zirkel« zum Anfang zurück.

Es ist unmöglich, die Handlung von *Finnegans Wake* zusammenzufassen, aber es gibt einige bemerkenswerte Charaktere. HCE ist die Zentralfigur, der Hauptträumer. Der Dubliner Bürger mittleren Alters mit Frau und drei Kindern ist Bloom nicht unähnlich: nicht-katholisch, mit einem nicht-irischen Namen ist auch er ein Außenseiter, und auch er engagiert sich im Kleingewerbe als Gastwirt einer ums Überleben kämpfenden Kneipe am Stadtrand von Dublin. Joyce beschreibt in gewisser Weise auch hier das einfache Leben einfacher Leute. HCE hat einen schweren Tag in der Kneipe gehabt und ist betrunken schlafen gegangen. In seinem Traum tauchen Sorgen auf: seine unsicheren Gefühle für seine alternde Frau Anna Livia, seine problematische Beziehung zu seinen Söhnen Shem und Shaun und sein reales oder imaginäres inzestuöses Interesse an seiner Tochter Isabel oder Issy. Und war er nun in ein obskures, vielleicht homosexuelles Vergehen in der Nähe des Phoenix Parks verwickelt oder nicht? Wird eine ungeahnte Katastrophe drohend sichtbar?

So könnte man an die Geschichte herangehen. Aber Träume sind kompliziert; auch ihr Plot läßt sich nicht fassen. Menschliche Identitäten vermischen sich und, wie in der »Circe-Episode« von *Ulysses*, nehmen Gegenstände ihre eigenen verschwommenen Identitäten an. HCE und seine Familie, so stellt es sich heraus, stehen als Träger der Wünsche und Schuldgefühle des einzelnen nicht nur stellvertretend für die ganze Menschheit, sondern sie werden zum Exempel für den unvermeidlichen Aufstieg und Fall des Menschen. HCE schlüpft von seinem eigenen unbedeutenden Ich in ein noch geringeres Ich: Tim Finnegan, betrunkener Arbeiter eines Bauhandwerkers. Aber er wird auch zu Finn McCool, dem großen irischen Helden, der an den Ufern der Liffey liegt und die Geschichte von Irland und der ganzen Welt – ihre Vergangenheit und Zukunft – Revue passieren läßt; er wird zu Ibsens *Baumeister Solneß (Master Builder),* zu Napoleon und zu vielen anderen Erbauern und Zerstörern der Gesellschaft.

HCE hat tatsächlich Hunderte von Identitäten. Er kann nicht nur ein Baumeister, ein Mörteltrog und ein Gebäude sein, sondern auch in die Rolle eines Hotel- und Molkereidirektors oder in die eines Geschäftsmannes schlüpfen. Er kann ganz Dublin sein, Schloß Howth und Umgebung; er verkörpert alle Väter, hat überall Kinder, und am Ende wird er zum Menschen par excellence: Hier kommt »jedermann«. Seine Initialien, so wird uns gesagt, erscheinen in *Finnegans Wake* zehntausendmal innerhalb von Wörtern oder als Akrostichon (aber wer zählt das schon?).

Finnegans Wake versucht einen universalen Mythos zu schaffen, und solch ein Mythos erfordert eine simulierte Universalsprache. Daraus folgt die Hauptschwierigkeit, die jeder mit dem Buch hat: die Schwierigkeit, diese Sprache zu verstehen. Wenn *Ulysses* den Leser gelegentlich einschüchtert, so bewegt ihn *Finnegans Wake* in der Regel zum Rückzug, und er fragt sich, ob es jemals eine angemessene Belohnung für die erforderliche Mühe geben kann. Hier ist der erste vollständige Satz des Buches:

> Herr Tristram, harpfunier d´amores, räubher über rauhe see, war passencore zurückgekommen aus Nord-Armorica auf diese seite des klüftigen isthmus von Klein-Europa, um seinen penisolaten krieg wielder auszufechten: noch hatten sich topsawyers felsen am Oconeeflüßchen nicht hochgestapelt zu Laurens-Lands georgiosem dubling seine schmarotzahl all die weil: noch fauchte kein stimm fern aus dem feuer mischmisch zu tauftauf dubistpeatrick: noch nicht, aber nur ein böckchen später hatte ein kitztropf einem blindmütigen isaak den rest gegeben: noch nicht, aber alles heiligt vanestas, war das doppelte schwestherchen zornig auf zweinen nathandjoe.

Auf den ersten Blick erscheint das Ganze unergründlich. Aber wenn man es einige Male gelesen hat, ergibt es doch einen gewissen Sinn: das Thema ist Dublins Vergangenheit. Die Anspielungen springen hin und her, durch alle Bereiche und Zeiten. Für den Anfang sollte der Leser Tristan (Tristan und Isolde), bzw. den ersten Grafen von Howth (mit Familienname Tristram) erkennen. Weiterhin wird der Heilige Patrick und seine Missionsarbeit erwähnt. Mit »felsen« könnte der Heilige Petrus gemeint sein, »kitztropf« deutet auf Charles Stewart Parnell hin, der mit Isaac Butt (ebenfalls eine Figur der irischen Unabhängigkeitsbewegung) ein politisches Streitgespräch führt, »nathandjoe« ist die Umstellung des Vornamens Jonathan, womit wiederum der protestantische Dekan und Satiriker Jonathan Swift gemeint ist, der sich zeit seines Lebens immer wieder für die Unabhängigkeit Irlands eingesetzt hat, »vanestas« ist sicherlich eine Anspielung auf Swifts Freundin Vanessa. Außerdem wird der »penisolate krieg« (Peninsular War) erwähnt und eine Stadt in Georgia, USA, die von einem Dubliner namens Sawyer gegründet wurde, was wiederum ein versteckter Hinweis auf Mark Twain ist. Es verbergen sich noch einige offensichtliche und weniger offensichtliche Wortspiele darin, und es ist hilfreich, wenn man das französische Wort für noch nicht *(pas encore)* und das griechische Wort für Genick *(isthmos)* kennt und erkennt.

Ulysses ist eine bereichernde Lektüre, die gespickt ist mit überschwenglichen Spielchen, anhand derer Joyce dem Leser zeigt, wie man sein Buch lesen sollte. Die Mühe des aufmerksamen Lesers wird reichlich belohnt. Sicherlich gibt es auch hier Zweideutigkeiten, Rätsel, Geheimnisse und sogar ein paar unergründliche, persönliche Witze, aber am Schluß können wir behaupten, daß wir das Ganze recht gut verstanden und die meisten Antworten gefunden haben. *Finnegans Wake* hingegen läßt so viele offene Fragen zurück, von denen wir wissen, daß wir sie nie beantworten können, trotz all der Ausführungen und Interpretationen, die uns den einen oder anderen Anhaltspunkt liefern.

Mit Ausdauer und Geduld kann jedoch auch hier die Belohnung reichlich sein. Nach mehrmaliger Lektüre werden bedeutende Themen nach und nach sichtbar. Es gibt wundervolle Witze und saftige Späße, und, ganz unerwartet, verblüffend schöne lyrische Passagen. Trotzdem tauchen immer wieder Schwierigkeiten auf, was eine Bemerkung über die Taktik des Lesens als angebracht erscheinen läßt. Der beste Ansatz ist es, die Seiten zu überfliegen, bis etwas Ansprechendes erscheint; darin sollte man sich vertiefen. Schließlich handelt es sich ja um ein zyklisches Buch, das man überall beginnen kann. Die erste Seite mit dem griechischen Wort für Genick sollte man ignorieren und gleich zu Seite acht vorblättern, wo man folgendes findet: »das der weg zum museroom. Sehns aufm hut beim reingehn!« und man sollte diese Stelle *laut lesen* (was bei Joyce sehr hilfreich sein kann). Dies verschafft uns sofort Klarheit, denn hier war Joyces Ohr einmal mehr bereit, die Sprache des einfachen Bürgers aufzunehmen. Tatsächlich ist ein großer Teil von *Finnegans Wake* mit dem Rhythmus der Dubliner Alltagssprache untermauert; da sind zum Beispiel die zwei Waschfrauen am Ufer der Liffey, die sich über HCE und seine Frau Anna Livia unterhalten. Wenn man es laut liest, wird der Absatz ziemlich deutlich; HCE wird hier erneut heftig angeklagt. (Was hat er nun tatsächlich im Phoenix Park getan?)

Oh!
Erzähle mir alles über
Anna Livia! Alles will ich von

Anna Livia wissen! Du kennst doch Anna Livia? Aber natürlich, wir alle kennen Anna Livia. Erzähle mir alles, erzähl´s mir sofort. Lachst dich kaputt, wenn du es hörst. Na, du weißt doch, als der alte Holdrie hopps ging und tat, was du weisst. Ja, das weiss ich. Weiter, weiter! Wasch du deine Wäsche und mach kein Gewäsch. Krempe die Aermel hoch, laß klöppeln die Zunge. Pass doch auf, bock mich nicht, wenn du dich bückst. Oder was alles sie ihm zu beweisen sich erdreisten, was er in Pfuinix-Park zu entzweien versuchte. Ein ganz dreckiger Lümmel, das ist er. Was ist das für ein Hemd! Wie ist das für ein Schmutz! Hat mein Wasser mir ganz schwarz gemacht. Eine ganze Woghe schwimmt das und schwemmt das. Oft und wie oft hab ich´s gewaschen? Auswendig kenn ich die Stellen, die er gerne beschludert, son lausiges Luder! Die Hände zerfetzt, von Hunger gehöhlt, mach ich seine Leibwäsch vor Krethi und Plethi. Hau feste drauf mit dem Schlagholz, dass endlich es rhein wird. Meine Handgelänke sind rostig vom Reiben der verweserten Flecken.

Joyce hat die Namen von zwölf mehr oder weniger obskuren Flüssen: Rhein, Upa, Stupia, Saale, Moldau und so weiter in die sonst gut verständlichen »Flußzeilen« eingebaut. Noch Hunderte von Flüssen werden durch den folgenden Text hindurchströmen. Ist das ein Anflug von Besessenheit? Ist es Willkür oder vielleicht sogar das Ergebnis einer großen Anstrengung? Was soll's; das Kapitel nimmt in großartiger Weise seinen Lauf, wird getragen vom fröhlichen Geschwätz der Waschfrauen: »O der rülpsende Raufboldrüpel! Geminxte Ehe und Liebesgekackel. ... Und sein Gang! Und sein Hang! Und wie hoch er das Haupt hielt, hügelhoch ...« Oder nehmen wir beispielsweise dieses heitere Shem-Porträt, welches uns in vergnüglicher Weise an Joyce in mittleren Jahren erinnert:

Zählt man zwahr und zwalsch zusammen, könnte man daraus schießen, wie dieses Wechselbalgs Aussehen rechtig anzusehen war.
Shems Auferscheinung beinhielt, wie´s scheint, einen hohlbeilschen Schädel, eine Acht von´m Lärchenaug, das ganze Loch einer Nase, einen thumben Arm in petto, zweiundvierzig Schöpflinge weg von seiner Kronsur, achteen auf seiner Spottlipp, ein Trio Barteln von seinem megakecken Kinn (Sausamsohn), die falsche Schulter höher als die rechtige, ganz Ohr, eine künstliche Zunge mit natürlichem Schlag, kein Bein auf der Erde, zwei linke Hände, einen blinden Magen, ein taubes Herz, eine lockere Leber, zwei Fünftel von zwei Hinterbacken ...

Und eine letzte Anregung: Einige Passagen in *Finnegans Wake* können auch *gesungen werden,* was zudem das Verständnis erleichtert. Zum Beispiel, wenn HCE und Anna Livia zusammen im Bett liegen und ihr Sohn Shem respektlose Sprüche von sich gibt, um ihre Umarmungen zu veranschaulichen. Man sollte diesen Absatz zu der Melodie von *Shandon Bells* singen, einem Lied aus Cork:

Wenn Ich wend meoptiken, von sourbanen prospekten, ist´s mein filial´s busen, beschaut stolz im sinn, den pontifikator, und circumvallator, mit seiner dam nacht schwatzhaft, geschlüpft zur Seite ihm. Ann alive, das lisp von her, ´s würd´ going mountains whisper her, und die bergs von Iceland schmelzen in wogen von feuer, und ihre spoon-me-spondeen, und ihre dirckle-me-ondeneen, machen den Rageous Ossean, knien und zechen a leier! Ist Dann dane, ist Ann dirty, ist er plane, ist sie purty, ist er fane, ist sie flirty, mit ihren nußbraungebrannten gewässern, und ihren spröden kajollereien, und ihren dabbilen drollereien, um sein rudderup zu reizen, oder seine träume zu nässern. Könnten der heiße Hammurabi, oder der kuhlte Klesiastes, ihre possierlichkeiten erspähen, bursten sie bounds agin, und renunzierten ihre ruingekrache, und denunzierten ihr tun und gemache, für rinner und efig, und eine nacht. Amin!

Wenn wir diesen musikalischen Ansatzpunkt weiterverfolgen, entdecken wir in *Finnegans Wake* verschiedene Variationen ein und desselben Themas. Da der erste Satz des Buches »flußlauf, vorbei an Ev´ und Adams« lautet, scheint der Sündenfall das eigentliche Thema zu sein. Aber Joyce führt uns weit über die typisch biblische oder christliche Betrachtungsweise hinaus. Er benützt seine mannigfaltigen Versionen des Aufstiegs und des unvermeidlichen Falls des Menschen und seiner Welt als Metapher für die allgemeine psychische Qual des einzelnen. Versuchung, Unsicherheit und vor allem Schuldgefühle – Empfindungen, die schon bei Bloom und Stephen analysiert wurden – sind nun ganz lebendig in der unbewußten anarchistischen Traumwelt von *Finnegans Wake*. Diese zyklischen Konfrontationen mit dem Wesen des Menschen bilden Joyces ernstes Hauptthema. Erinnert man sich an seine »moralische Geschichte« in *Dubliner,* an seine Hervorhebung des »ungeschaffenen Gewissens« im *Porträt* und an die Forderung nach einem moralischen Verständnis dessen, was als Kernaussage von Stephen, Molly und vor allem Bloom in *Ulysses* bezeichnet werden kann, so sollte man nicht daran zweifeln, daß Joyce auch in *Finnegans Wake* ein ernstes Anliegen hat.

Adam oder nicht Adam, Stürze sind nun einmal etwas Komisches, wie jeder Clown weiß. Deshalb wählt Joyce das rauhe Dubliner Straßenlied vom betrunkenen Tim Finnegan, der mit seinem Eimer voll Ziegeln eine Leiter hochsteigt, als archetypische Version vom Aufstieg und Fall des Menschen. Tim fällt von seiner Leiter, bricht sich das Genick und wird, da man ihn für tot hält, in feine weiße Tücher gehüllt, auf seine Totenbahre gelegt. An der Bahre beginnen bald Krawall und Krach, und ein Betrunkener wirft einen Krug mit Whiskey um, der sich über Tim ergießt. Tim wacht wieder auf – »Schau wie er sich erhebt«, und wie er so trinkt und flucht, beginnt der Zyklus noch einmal von vorne. Alle Menschen sind Finnegans. Joyce hat das Lied nicht geschrieben, aber es könnte von ihm sein. So schlummern in *Finnegans Wake* viele Späße.

Joyces literarisches Werk ist angereichert mit Dichotomien, Verdopplungen und mit der Verschmelzung von Gegensätzen. Es ist deshalb nicht verwunderlich, daß Joyces Briefe und Biographien eine Persönlichkeit zum Vorschein bringen, die voller Widersprüche ist. Objektiv betrachtet, erscheint er als ziemlich unsympathische Person: als selbstgefälliger Pedant, als Snob, als schüchterner ängstlicher Lüstling, oft auch als Säufer. In schamloser Weise beutete er seine Familie und seine Freunde aus, war ständig voller Selbstmitleid und streitsüchtig. Er fühlte sich immerzu verraten und betrogen und hegte gerne seinen Groll.

Sicherlich sind nicht all diese Laster gänzlich unsympathisch, aber in jedem Fall können wir jeder dieser Eigenschaften eine positive gegenüberstellen: seine Freude an guter Kameradschaft, seine mitreißende Fröhlichkeit, seine spontane Großzügigkeit, und vor allem seine aufopfernde Liebe für Nora und die Kinder. Und nicht zuletzt sein Mut. Zwar schrieb er gegen Ende seines Lebens an seinen Sohn: »Meine Augen sind müde. Über ein halbes Jahrhundert haben sie ins Nichts gestarrt, wo sie ein wunderschönes Nihil gefunden haben«, doch war eine derartige Mutlosigkeit selten bei Joyce. Seinen späten Briefen können wir beispielsweise eine ungeheure Kraft entnehmen, mit der er im Jahr 1940 (das letzte volle Jahr seines Lebens) gegen eine Reihe von heftigen persönlichen Mißerfolgen – sowohl öffentlicher als auch privater Natur – ankämpfte. Die Reaktionen auf das Erscheinen von *Finnegans Wake* war wahrscheinlich am schlimmsten von allem. Er hatte gehofft, daß ihn dieses Buch mit der Welt versöhnen würde, doch war die spärliche Resonanz eine bittere Enttäuschung für ihn.

Literatur bedeutete für Joyce letzten Endes »fröhliche Komödie«, als klassisches Sinnbild für Verständnis und Versöhnung. Sein späteres Leben, auch wenn es oft genug turbulent war, spiegelt diese Suche nach Versöhnung wider. Er wollte mit seinem Vater in Dublin und mit Dublin selbst Frieden schließen. Er entwickelte allmählich liebevolle Gefühle für diesen lasterhaften alten Herrn, bereute es, daß er ihn nicht besucht hatte, und versank in Kummer, als der alte Mann im Dezember 1931 starb. Zufällig wurde sein Enkel Stephen James Joyce nur ein paar Wochen später geboren, und Joyce wurde für kurze Zeit wieder zum Dichter. So schrieb er die kurzen straffen Verse »Ecce Puer«, die von seines Vaters Tod und der Geburt des Enkels handeln. Das Gedicht endet mit den Zeilen:

> Ein Kindlein schlafend;
> Ein Alter davon.
> O verlassener Vater,
> Vergib deinem Sohn.

Seine eigene Versöhnung mit Dublin hatte schon sehr früh stattgefunden. Bereits im Alter von fünfundzwanzig Jahren erklärte er seinem skeptischen Bruder, daß die Iren »die intelligentesten, geistreichsten und zivilisiertesten Menschen in ganz Europa« seien. Aber diese Vergebung wurde erst sehr spät erwidert, und deshalb vergaß Joyce unweigerlich des öfteren seine großherzige Toleranz:

> Diesem lieblichen Land, dem´s
> schon immer gefiel,
> Seine Künstler zu treiben ins
> ferne Exil

Diese Zeilen sind nur ein Beispiel seines gelegentlich aufkeimenden Grolls. Doch als sich Phantasie und Erinnerung vermischten, verwandelte sich Joyces Besessenheit fast in eine Art devoter Hingabe. Er war schließlich zum Herzen Dublins vorgedrungen. Ein Bekannter fragte ihn einmal, ob er jemals beabsichtige, nach Irland zurückzukehren, und Joyce antwortete: »Habe ich es jemals verlassen?«

Bernard McCabe

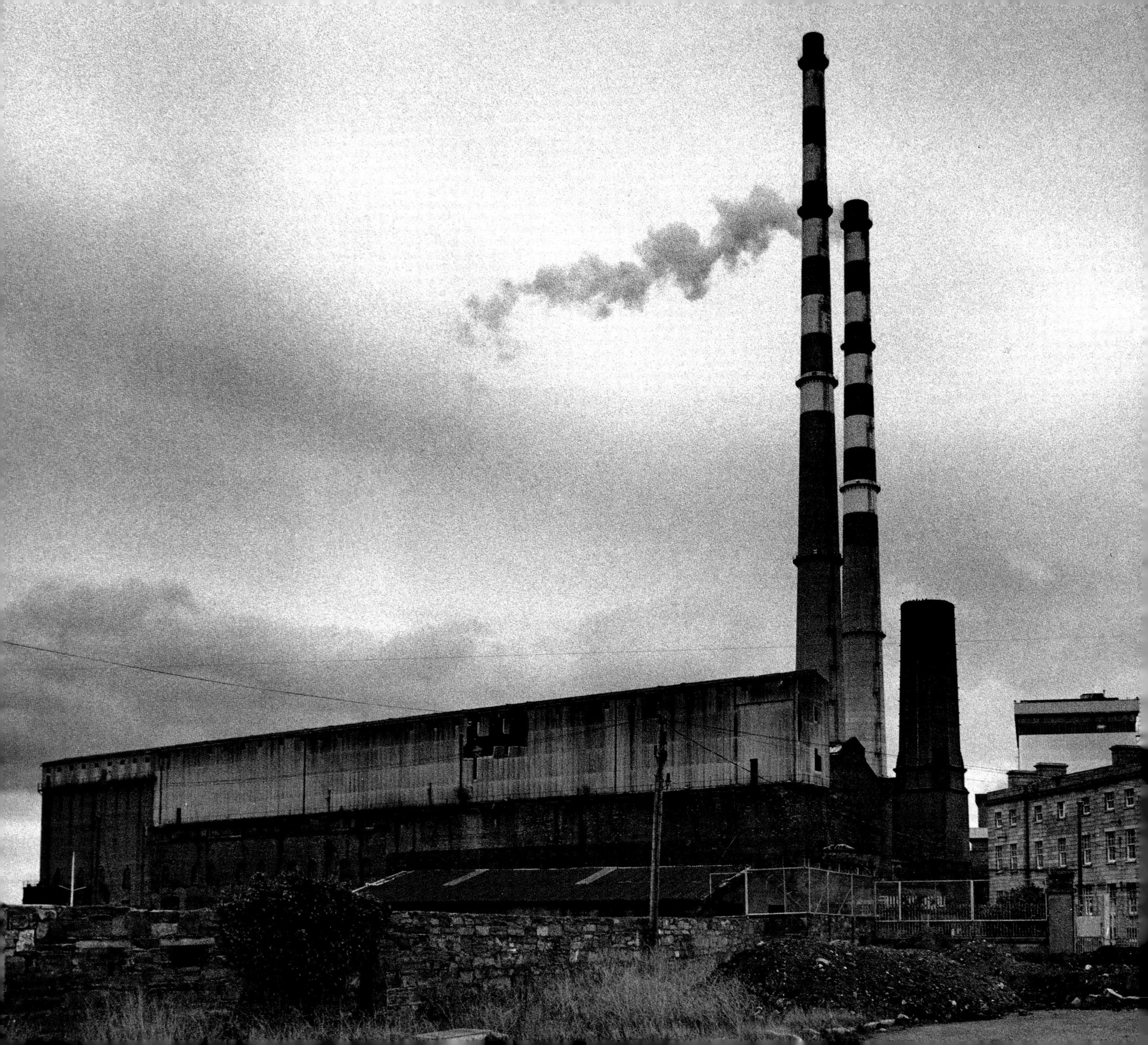

DUBLINER

Wir planten, die Wharf Road entlangzugehen, bis wir zu den Schiffen kämen, dann mit der Fähre überzusetzen und bis zum Pigeon House hinauszugehen. Leo Dillon fürchtete, daß wir Pater Butler oder jemand anderem aus dem College begegnen könnten; aber Mahony stellte die sehr vernünftige Frage, was Pater Butler wohl draußen am Pigeon House machen sollte.

Eine Begegnung

Links und *unten:* Das Kraftwerk Pigeon House

Dubliner

In jener Nacht schlief ich schlecht. Am Morgen war ich als erster auf der Brücke, da ich am nächsten wohnte. Ich versteckte meine Bücher im hohen Gras bei der Müllgrube am Ende des Gartens, wo nie jemand hinkam, und eilte am Kanalufer entlang. Es war ein milder sonniger Morgen in der ersten Juniwoche. Ich setzte mich auf die Brückenbrüstung, bewunderte meine leichten Leinenschuhe, die ich am Abend zuvor fleißig mit Pfeifenton geweißt hatte, und beobachtete die fügsamen Pferde, die einen Tramwagen voller Geschäftsleute hügelauf zogen. Alle Zweige der hohen Bäume, die die Promenade säumten, waren voller lustiger kleiner hellgrüner Blätter, und durch sie hindurch fiel der Sonnenschein schräg auf das Wasser. Der Granit der Brücke begann langsam warm zu werden, und ich begann, zum Takt einer Melodie in meinem Kopf mit den Händen darauf zu klatschen. Ich war sehr glücklich.

Eine Begegnung

Der »Große Kanal« (The Grand Canal)

North Richmond Street war, als Sackgasse, eine stille Straße, ausgenommen zu der Stunde, da die Christian-Brothers-Schule die Jungen in die Freiheit entließ. Ein unbewohntes zweistöckiges Haus stand an ihrem Ende, abgesondert von seinen Nachbarn auf einem viereckigen Grundstück. Die anderen Häuser der Straße, des ehrbaren Lebenswandels in ihrem Innern bewußt, sahen einander mit braunen unerschütterlichen Gesichtern an.

Arabia

Dubliner

Dubliner

Lenehan ging bis zum Shelbourne Hotel, wo er stehen blieb und wartete. Als er kurze Zeit gewartet hatte, sah er sie auf sich zukommen, und als sie sich nach rechts wandten, folgte er ihnen mit leichten Schritten in seinen weißen Schuhen die eine Seite des Merrion Square entlang. Während er langsam weiterging und sein Tempo dem ihren anpaßte, beobachtete er Corleys Kopf, der sich alle Augenblicke zu dem Gesicht der jungen Frau hindrehte, einer großen Kugel gleich, die auf einem Zapfen rotiert. Er behielt das Paar im Auge, bis er es die Tram nach Donnybrook hatte erklimmen sehen; dann machte er kehrt und ging den Weg zurück, den er gekommen war.

Jetzt, da er allein war, wirkte sein Gesicht älter. Seine Fröhlichkeit schien ihn im Stich zu lassen, und als er am Gitterzaun von Duke´s Lawn vorbeikam, erlaubte er seiner Hand, an ihm entlangzustreifen. Die Melodie, die der Harfner gespielt hatte, begann seine Bewegungen zu regieren. Seine weichgepolsterten Füße spielten die Melodie, während seine Finger am Gitter nach jeder Gruppe von Tönen müßig eine Skala von Variationen griffen.

Er ging lustlos um Stephen´s Green herum und dann die Grafton Street hinunter. Obwohl seine Augen in der Menge, durch die er ging, viele Einzelheiten wahrnahmen, taten sie das mißmutig. Er fand alles trivial, was bestimmt war, ihn zu entzücken, und erwiderte die Blicke nicht, die ihn einluden, sich ein Herz zu fassen.

Zwei Kavaliere

Links: Das Shelbourne Hotel
Rechts: St. Stephen´s Green, großer Park in Dublin

Dubliner

Dubliner

Little Chandler beschleunigte seinen Schritt. Zum ersten Mal in seinem Leben fühlte er sich den Leuten, an denen er vorüberkam, überlegen. Zum ersten Mal rebellierte seine Seele gegen die öde Uneleganz der Capel Street. Es gab keinen Zweifel: wenn man Erfolg haben wollte, mußte man fortgehen. In Dublin konnte man nichts werden. Als er über die Grattan Bridge ging, blickte er flußabwärts zu den unteren Quays und bedauerte die armen verkümmerten Häuser. Sie kamen ihm vor wie eine Bande von Vagabunden, zusammengekauert am Flußufer entlang, die alten Mäntel mit Staub und Ruß bedeckt, betäubt von dem Panorama des Sonnenuntergangs und in Erwartung der ersten Nachtkühle, die sie aufstehen, sich schütteln und weiterziehen heißen würde. Er fragte sich, ob er ein Gedicht schreiben könnte, das diese Idee ausdrückte. Vielleicht wäre Gallaher in der Lage, es für ihn in einer Londoner Zeitung unterzubringen. Konnte er etwas Originelles schreiben? Er war nicht sicher, welche Idee er auszudrücken wünschte, doch der Gedanke, daß ein poetischer Augenblick ihn gestreift hatte, erwachte in ihm zum Leben wie eine aufkeimende Hoffnung. Tapfer schritt er voran.

Eine kleine Wolke

Ausblick von der Grattan Bridge

Oben und *rechts:* Die Grattan Bridge und die unteren Kais

Dubliner

Dubliner

Dubliner

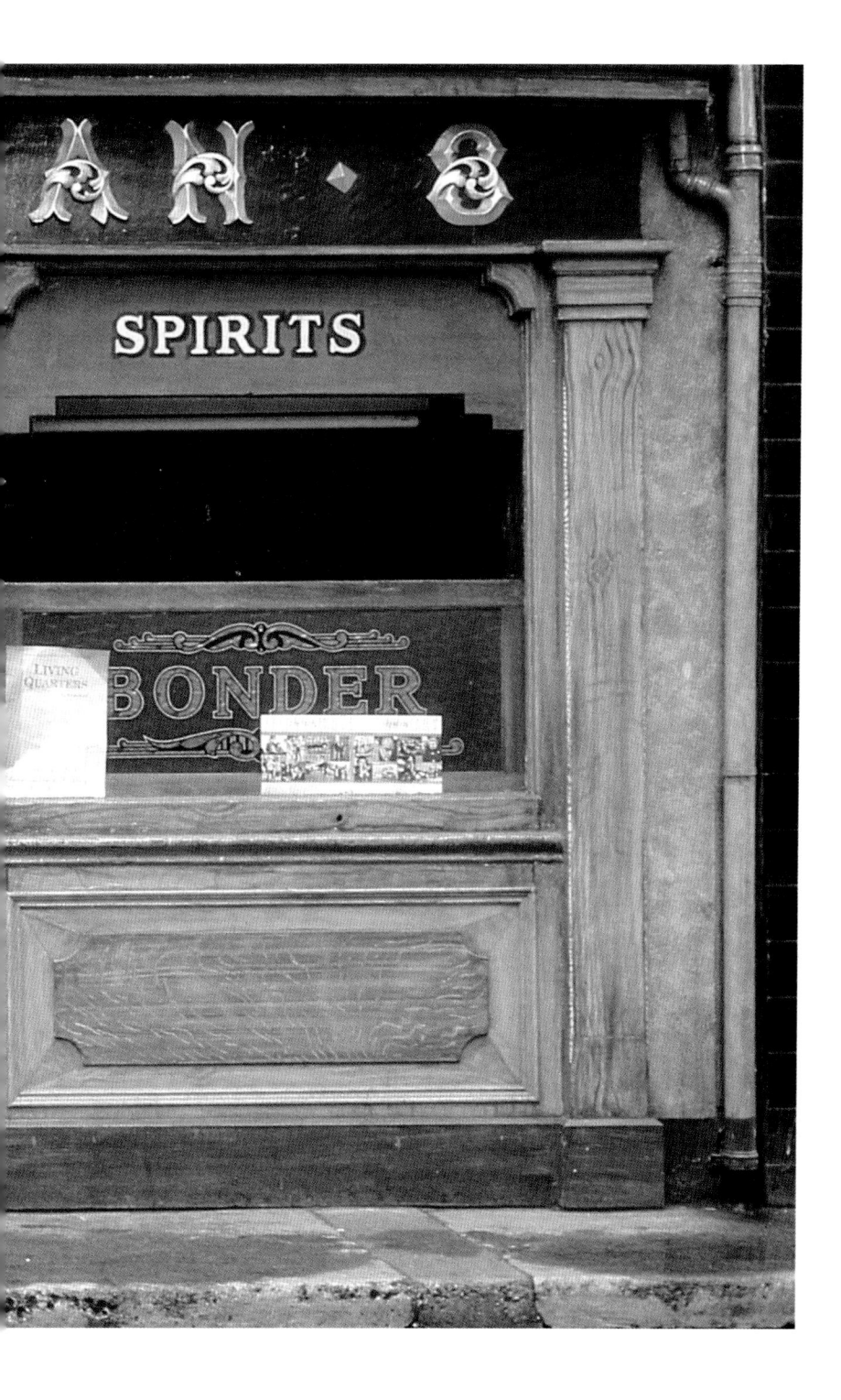

Weathers ließ allen grade nur einen Kurzen auf seine Rechnung kommen und versprach, sie später bei Mulligan in der Poolbeg Street wiederzutreffen.

Als das Scotch House schloß, gingen sie um die Ecke zu Mulligan. Sie gingen in die Hinterstube, und O'Halloran bestellte eine Runde kleiner heißer Specials. Sie begannen sich alle benebelt zu fühlen. Farrington gab gerade noch eine weitere Runde aus, als Weathers zurückkam. Zu Farringtons großer Erleichterung trank er diesmal ein Glas Bitter. Die Mittel wurden knapp, aber noch hatten sie genug, um weiterzumachen.

Entsprechungen

Links und *oben:* Mulligans Kneipe in der Poolbeg Street

Dubliner

Es war neun Uhr vorbei, als er das Lokal verließ. Die Nacht war kalt und finster. Er betrat den Park durch das erste Tor und ging unter den hageren Bäumen weiter. Er ging durch die kahlen Alleen, durch die sie vor vier Jahren zusammen gegangen waren. In der Dunkelheit schien sie ihm nahe zu sein. Zuweilen kam es ihm vor, als berühre ihre Stimme sein Ohr, als berühre ihre Hand die seine. Er blieb stehen, um zu lauschen. Warum hatte er ihr das Leben vorenthalten? Warum hatte er sie zum Tode verurteilt? Er fühlte, wie seine sittliche Natur zu Bruch ging.

Ein betrüblicher Fall

Der Phoenix Park

Dubliner

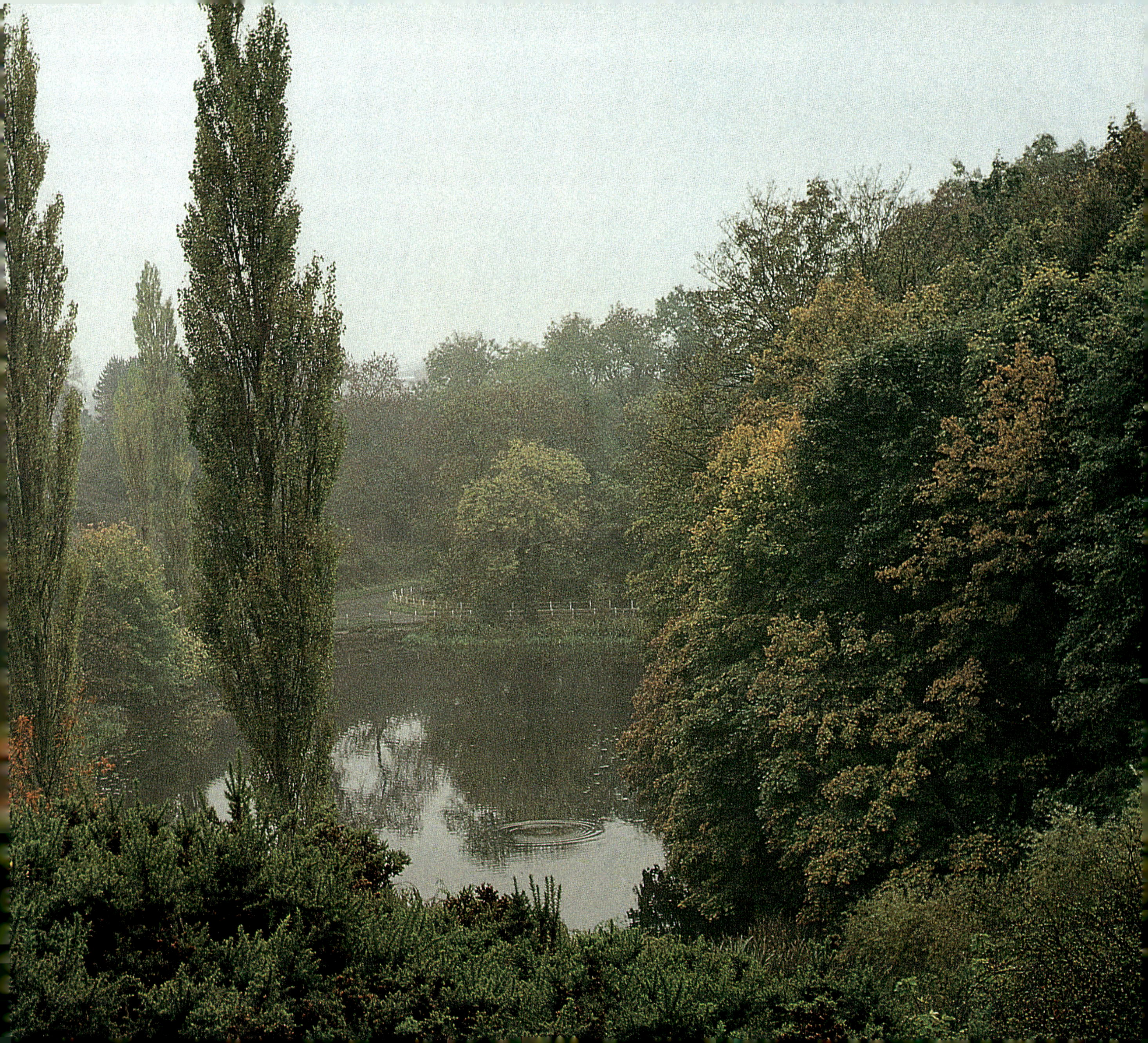

Als er die Anhöhe des Magazine Hill erreicht hatte, blieb er stehen und blickte den Fluß entlang nach Dublin, dessen Lichter in der kahlen Nacht rötlich und einladend brannten. Er blickte den Hang hinab und sah unten im Schatten der Parkmauer irgendwelche menschliche Gestalten liegen. Diese feile und verstohlene Liebe füllte ihn mit Verzweiflung. Er zerbiß sich an der Rechtschaffenheit seines Lebens; er fühlte, daß er vom Fest des Lebens verbannt gewesen war. Ein Mensch hatte ihn anscheinend geliebt, und er hatte ihm Leben und Glück verweigert: er hatte ihn zur Schande, zu einem schmählichen Tod verurteilt. Er wußte, daß die unten an der Mauer auf die Erde hingestreckten Wesen ihn beobachteten und wegwünschten. Niemand wünschte ihn; er war verbannt vom Fest des Lebens.

Ein betrüblicher Fall

Dubliner

Jenseits des Flusses sah er einen Güterzug, der sich aus dem Bahnhof Kingsbridge herauswand, der sich wie ein Wurm mit einem feurigen Kopf durch die Dunkelheit wand, hartnäckig und mühselig. Langsam schwand er aus den Augen; doch immer noch klang ihm das mühselige Schnaufen der Lokomotive in den Ohren, das die Silben ihres Namens wiederholte.

Ein betrüblicher Fall

Kingsbridge Bahnhof, umbenannt in Heuston Bahnhof

Dubliner

Dubliner

Es pochte ein paarmal leise an die Scheibe, und er wandte sich zum Fenster um. Es hatte wieder zu schneien begonnen. Er beobachtete schläfrig die Flocken, silbern und dunkel, die schräg zum Lampenlicht fielen. Die Zeit war für ihn gekommen, seine Reise gen Westen anzutreten. Ja, die Zeitungen hatten recht: Schneefall in ganz Irland. Schnee fiel überall auf die dunkle Zentralebene, auf die baumlosen Hügel, fiel sacht auf den Bog of Allen, und, weiter gen Westen, fiel er sacht in die dunklen aufrührerischen Wellen des Shannon. Er fiel auch überall auf den einsamen Friedhof oben auf dem Hügel, wo Michael Furey begraben lag. Er lag in dichten Wehen auf den krummen Kreuzen und Grabsteinen, auf den Speeren des kleinen Tors, auf den welken Dornen. Langsam schwand seine Seele, während er den Schnee still durch das All fallen hörte, und still fiel er, der Herabkunft ihrer letzten Stunde gleich, auf alle Lebenden und Toten.

Die Toten

Bog of Allen, das Moor bei Allen

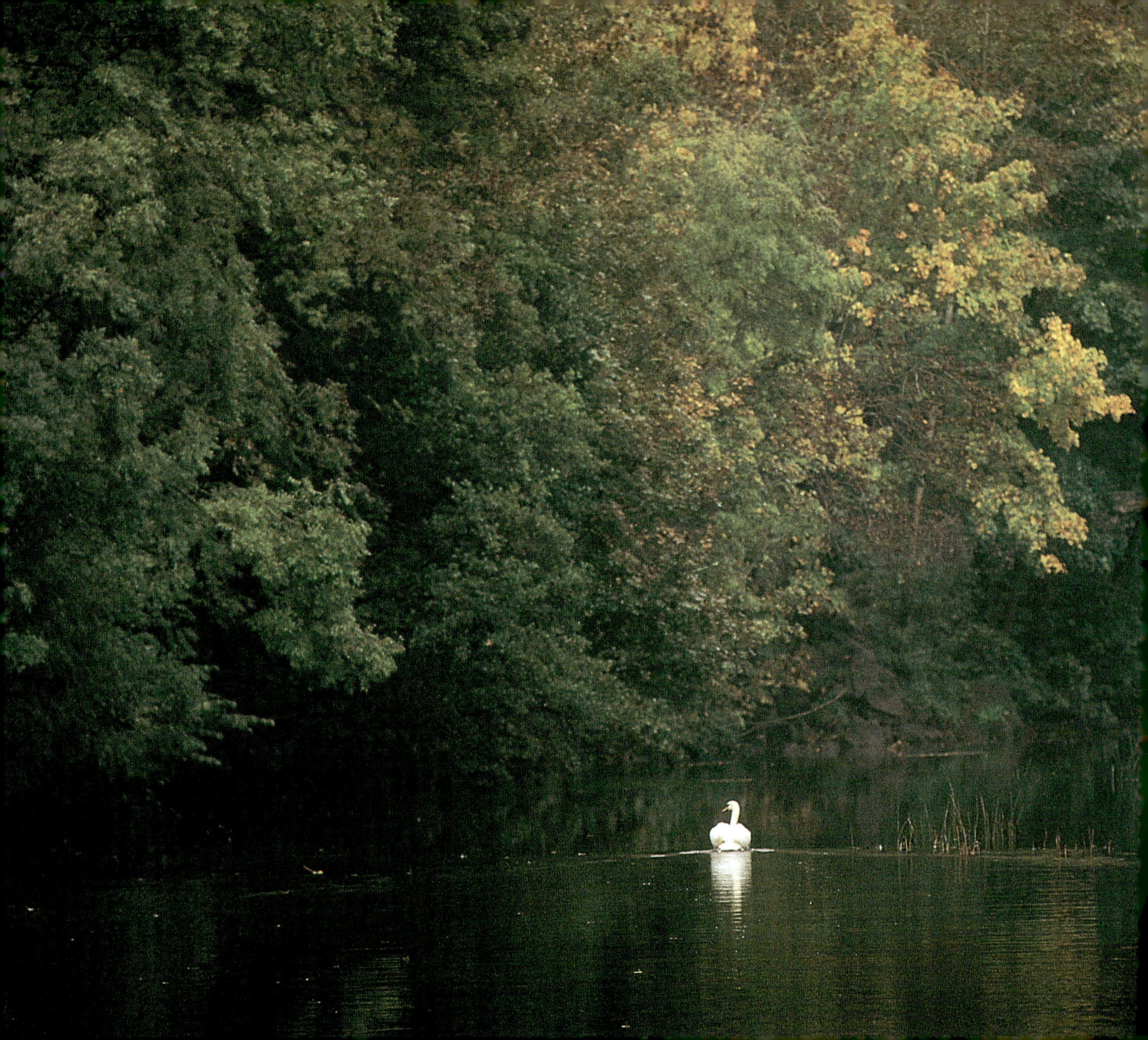

GEDICHTE

Saiten in Erd und Luft
 Machen süße Musik;
Saiten am Fluß, wo Duft
 Um der Weiden Gewieg.

Musik erklingt an den Wassern:
 Ein Liebender geht,
Im Haar dunkle Blätter, den Mantel
 Von Blüten umweht.

Ein spielendes Schwirren
 Die Sinne ihm leise dehnt,
Und Finger irren
 Auf einem Instrument.

Die Liffey fließt durch Dublin

Gedichte

Sie weint über Rahoon

Regen fällt auf Rahoon, in sanftem Fallen,
Wo mein dunkler Geliebter ruht.
Trüb schallt seine Stimme herauf, in trübem Schallen,
In Monds grauer Hut.

Liebste, du weinst,
Wo sanft, wo trüb seiner Stimme ewiges Schallen,
Ewig ohn´ Antwort, bei dunklen Regens Fallen,
Jetzt wie dereinst.

Trüb wird auch unser Herz, ach Liebste, schon bald,
Wie seins in schwarzer Flur
Hier ruht, unter mondgrauen Nesseln hier ruhn, so kalt
Im Regengemurr.

Das Grab von Michael Bodkin, Vorbild für
Michael Furey aus »Die Toten«, Rahoon, Galway

Gedichte

Den ganzen Tag hör ich der Wasser
 Tief Gestöhn,
So traurig, wie die Vögel streifen
 In den Höhn –
Sie hörn den Wind schrein zu der Wasser
 Eingetön.

Die grauen, kalten Winde pfeifen,
 Wo ich bin.
Ich höre laut die vielen Wasser
 Drunten ziehn.
Bei Tag und Nacht hör ich sie schweifen
 Her und hin.

Gedichte

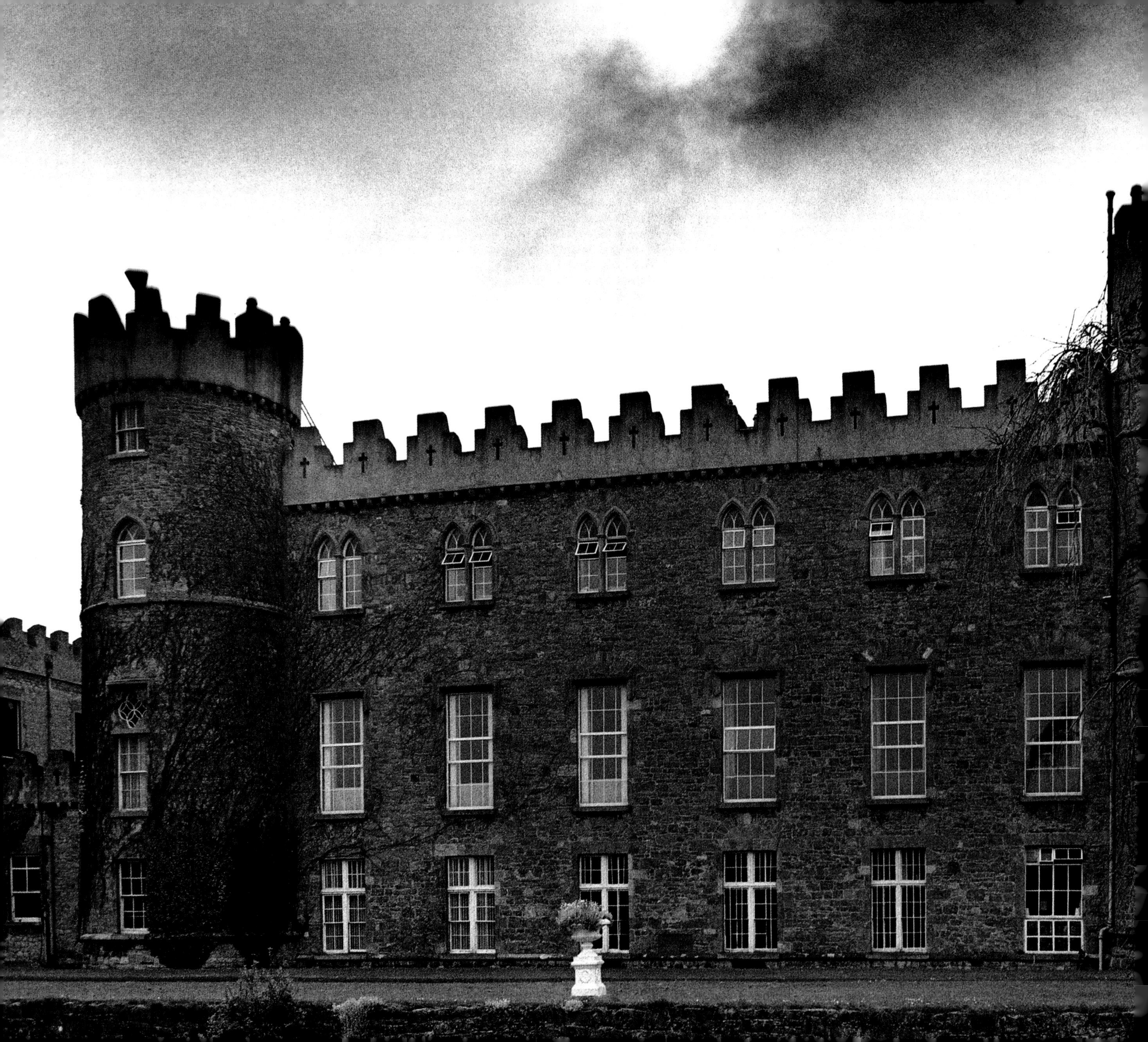

EIN PORTRÄT DES KÜNSTLERS ALS JUNGER MANN

Es würde im Studiensaal besser sein als da draußen in der Kälte. Der Himmel war bleich und kalt aber im Schloß waren Lichter. Er fragte sich, von welchem Fenster aus Hamilton Rowan wohl seinen Hut auf das Aha geworfen hatte und ob zu dieser Zeit Blumenrabatten unter den Fenstern gewesen waren. Als man ihn einmal ins Schloß rief, hatte ihm der Verwalter die Kerben der Musketenkugeln der Soldaten im Holz der Tür gezeigt und ihm ein Plätzchen gegeben, wie die Gemeinschaft sie aß. Es war schön und warm, die Lichter im Schloß zu sehen. Es war wie in einem Buch.

Links und *unten*: Clongowes Wood College, Kildare

Er öffnete das Geographiebuch, um die Lektion zu lernen; aber er konnte die amerikanischen Ortsnamen nicht behalten. Doch es waren alles verschiedene Orte, die diese verschiedenen Namen hatten. Sie lagen alle in verschiedenen Ländern und die Länder lagen in Erdteilen und die Erdteile lagen in der Welt und die Welt lag im All.

Er schlug das Vorsatzblatt des Geographiebuchs auf und las, was er dort hingeschrieben hatte: sich selber, seinen Namen und wo er war.

Stephen Dedalus
Elementarklasse
Clongowes Wood College
Sallins
County Kildare
Irland
Europa
Die Welt
Das All

Das war in seiner Schrift: und Fleming hatte eines Abends aus Fez auf die Seite gegenüber geschrieben:

Stephen Dedalus bin ich genannt,
In Irland bin ich geboren.
Clongowes ist mein Domizil
Dem Himmel bin ich auserkoren.

Der Lesesaal des Clongowes Wood Colleges

Ein Porträt des Künstlers als junger Mann

Ein Porträt des Künstlers als junger Mann

Ein Porträt des Künstlers als junger Mann

Was er tun mußte, war einfach. Alles, was er tun mußte, war, wenn das Essen zu Ende wäre und seine Reihe herauskäme, weiterzugehen, aber nicht hinaus in den Korridor, sondern die Treppe rechts hoch, die zum Schloß führte. Er mußte nichts als das tun: sich nach rechts wenden und schnell die Treppe hochgehen und in einer halben Minute wäre er in dem niedrigen dunklen engen Korridor, der durchs Schloß zum Zimmer des Rektors führte.

Der Kapellenpräfekt betete über seinem Kopf und sein Gedächtnis wußte die Antworten:

Herr, öffne meine Lippen
So wird mein Mund Dein Lob verkünden.
O Gott, komm mir zu Hilfe.
Herr, eile, mir zu helfen!

Ein kalter Nachtgeruch war in der Kapelle. Aber es war ein heiliger Geruch. Es war nicht wie der Geruch der alten Bauern, die bei der Sonntagsmesse hinten in der Kapelle knieten. Das war ein Geruch aus Luft und Regen und Torf und Kord. Aber das waren sehr heilige Bauern. Sie atmeten hinter ihm, ihm in den Nacken, und seufzten beim Beten.

Links: Der Korridor zum Zimmer des Rektors
Rechts: Die Schulkapelle

Ein Porträt des Künstlers als junger Mann

Sie waren aus Clane, sagte einer: da gäbe es kleine Hütten, und er hätte eine Frau an der Niedertür einer Hütte mit einem Kind auf dem Arm stehen sehen, wie die Wagen von Sallins vorübergekommen seien. Es wäre wunderbar, eine einzige Nacht in dieser Hütte zu schlafen, vor dem Feuer aus rauchendem Torf, in dem von dem Feuer erleuchteten Dunkel, in dem warmen Dunkel, den Geruch der Bauern dabei zu atmen, Luft und Regen und Torf und Kord. Aber, oh, die Straße dahin zwischen den Bäumen war dunkel! Du tätst dich verlaufen in dem Dunkel. Er bekam Angst, wenn er dran dachte, wie das wäre.

Landhäuser in Clane, in der Nähe von Sallins, Kildare

Ein Porträt des Künstlers als junger Mann

Ein Porträt des Künstlers als junger Mann

Ein Porträt des Künstlers als junger Mann

In Maryborough schlief er ein. Als er aufwachte, war der Zug bereits hinter Mallow und sein Vater schlief ausgestreckt auf dem anderen Platz. Das kalte Dämmerlicht lag über dem Land, über den menschenleeren Feldern und den verschlossenen Cottages. Der Schrecken des Schlafs faszinierte ihn, als er auf das schweigende Land hinaussah oder von Zeit zu Zeit seinen Vater schwer atmen oder sich im Schlaf plötzlich bewegen hörte.

Zugfahrt von Cork nach Mallow

Ein Porträt des Künstlers als junger Mann

Es war noch früh am Morgen, da fuhren sie in einem Jingle durch Cork und Stephen setzte seinen Schlaf in einem Zimmer des Viktoria Hotels fort. Das helle warme Sonnenlicht strömte durchs Fenster und er konnte das Getöse des Verkehrs hören. Sein Vater stand vor dem Toilettentisch und untersuchte mit großer Sorgfalt Haar und Gesicht und Schnurrbart, wobei er seinen Hals über den Wasserkrug vorschraubte und ihn dann seitlich wieder einzog, um besser sehen zu können. Dabei sang er mit wunderlicher Betonung und Phrasierung leise vor sich hin:

>*Ist man jung, ist man dumm*
>*Und heiratet gleich.*
>*Drum bleib, mein Schatz, ich*
>   *Nicht länger da.*
>*Was sich nicht lindern läßt,*
>*Sich doch verhindern läßt,*
>   *Drum zieht's mich nach*
>   *Amerika.*

Das Bewußtsein der warmen sonnigen Stadt vor seinem Fenster und das sanfte Vibrato, mit dem seines Vaters Stimme die sonderbare, traurig-glückliche Weise verzierte, vertrieben alle Nebel der nächtlichen Mißgestimmtheit aus Stephens Hirn. Er stand rasch auf, um sich anzuziehen, und als das Lied zu Ende war, sagte er:
– Das ist viel hübscher als alle deine anderen *come-all-yous*.

Die Kathedrale St. Finnbarr und der Lee in der Innenstadt von Cork

Ein Porträt des Künstlers als junger Mann

Ein Porträt des Künstlers als junger Mann

Er wandte sich zum Meer, von der Straße in Dollymount weg, und wie er auf der dünnen Holzbrücke war, spürte er, daß die Planken vom Getrampel schwer beschuter Füße erschüttert wurden. Eine Schwadron Christian Brothers war auf dem Heimweg vom Bull und hatte begonnen, die Brücke, zwei und zwei, zu überqueren. Bald zitterte und hallte die ganze Brücke. Die ungeschlachten Gesichter gingen, zwei und zwei, an ihm vorüber, fleckig gelb oder rot oder bläulich vom Meer, und wie er sie so leichthin und gleichgültig mustern wollte, stieg ihm ein schwacher Flecken Scham über sich selbst und Mitleid ins eigene Gesicht. Zornig über sich, versuchte er sein Gesicht vor ihren Augen zu verbergen, indem er seitlich hinunter ins seichte strudelnde Wasser unter der Brücke blickte, aber darin sah er dann die Spiegelung ihrer kopflastigen Seidenhüte und demütigen streifenartigen Kragen und lose hängenden klerikalen Kleidern.

– Bruder Hickey.
Bruder Quaid.
Bruder MacArdle.
Bruder Keogh.

Ihre Frömmigkeit entspräche ihren Namen, ihren Gesichtern, ihren Kleidern, und es war leeres Gerede, daß er sich sagte, ihre demütigen und bußfertigen Herzen zollten, das könnte wohl sein, einen weit reicheren Tribut der Andacht als seiner es je war, eine zehnmal wohlgefälligere Gabe als seine ausgeklügelte Adoration.

Die Holzbrücke bei Dollymount

Ein Porträt des Künstlers als junger Mann

Ein Porträt des Künstlers als junger Mann

Ein Porträt des Künstlers als junger Mann

Der graue Block von Trinity zu seiner Linken, wuchtig in die Ignoranz der Stadt gesetzt wie ein großer trüber Stein in einen klotzigen Ring, zog seinen Geist wieder auf den Boden; und während er sich auf diese und jene Art bemühte, seine Füße aus den Fesseln des reformierten Gewissens zu befreien, kam er an das putzige Denkmal des irischen Nationaldichters.

Er schaute es ohne Groll an: denn obschon Trägheit des Leibes und der Seele über es krochen wie unsichtbares Gewürm, über die schlurfenden Füße und die Falten des Umhangs hoch und herum um den servilen Kopf, schien es sich seiner Schmach demütig bewußt zu sein. Es war ein Firbolg im geborgten Umhang eines Milesiers.

Da bin ich dann gegangen und gelaufen und gelaufen und es war schon bald Nacht, als ich in die Berge von Ballyhoura kam; das ist gute zehn Meilen von Kilmallock und dahinter kommt eine lange mutterwindverlassene Chaussee. Nicht die Spur von einem Haus eines Christenmenschen an der Chaussee noch ein Geräusch. Es war so gut wie pechfinster. Ein- oder zweimal bin ich stehngeblieben am Weg bei einem Gesträuch und hab meine Pfeife zum Glühn gebracht und wenn der Tau nicht so dick gelegen wäre, hätt ich mich da hingestreckt und geschlafen. Endlich, nach einer Kurve, seh ich eine kleine Hütte mit einem Licht im Fenster. Ich geh hin und klopf an die Tür. Eine Stimme fragt, wer ist da, und ich sage, ich wäre bei dem Match in Buttevant gewesen und ging zu Fuß nach Haus und daß ich dankbar wär für ein Glas Wasser. Nach einer Weile macht eine junge Frau die Tür auf und bringt mir einen großen Becher Milch raus. Sie war halb ausgezogen, als hätte sie grad ins Bett gehen wollen als ich geklopft hab, und ihr Haar war offen; und wegen ihrer Figur und wegen irgendwas in ihrem Blick hab ich gedacht, sie trägt ein Kind im Leib. Sie hat ganz lang an der Tür mit mir gesprochen und mir ist das sonderbar vorgekommen, weil ihre Brust und ihre Schultern bloß gewesen sind. Sie hat mich gefragt, ob ich müde bin und ob ich nicht die Nacht da bleiben möchte. Sie hat gesagt, sie ist ganz allein in dem Haus und daß ihr Mann den Morgen nach Queenstown ist mit seiner Schwester, um ihr noch das Geleit zu geben. Und die ganze Zeit die sie redet, Stevie, schaut sie mir mit ihren Augen ganz fest ins Gesicht und so dicht bei mir ist sie gestanden, daß ich sie atmen hören gekonnt hab. Als ich ihr endlich den Becher zurückgebe, faßt sie mich bei der Hand und will mich hineinziehn über die Schwelle und sagt: *Komm herein und bleib die Nacht hier. Du mußt dich nicht ängstigen. Es gibt keinen als uns beide ...* Ich bin nicht reingegangen, Stevie. Ich hab mich bei ihr bedankt und mich wieder auf den Weg gemacht, ganz fiebrig wie ich war. Bei der ersten Kurve hab ich mich umgeschaut und da stand sie noch an der Tür.

Die Berge von Ballyhoura, Limerick

Ein Porträt des Künstlers als junger Mann

Ein Porträt des Künstlers als junger Mann

Sie waren bis zum Pembroker Distrikt gelaufen und jetzt, als sie langsam weitergingen durch die Alleen, besänftigten die Bäume und die verstreuten Lichter in den Villen ihnen die Gemüter. Die Luft aus Wohlhabenheit und Geruhsamkeit, die um sie war, schien ihnen ihre Not zu erleichtern. Hinter einer Lorbeerhecke schimmerte ein Licht im Fenster einer Küche und man hörte die Stimme eines Dienstmädchens, das beim Messerschleifen sang. Sie sang, in kurzen brüchigen Takten, *Rosie O'Grady*.

Ein Porträt des Künstlers als junger Mann

Der Regen fiel rascher. Als sie durch die Passage an der Royal Irish Academy gingen, sahen sie viele Studenten, die unter den Arkaden der Bibliothek Schutz gesucht hatten. Cranly stocherte, an eine Säule gelehnt, mit einem gespitzten Streichholz in seinen Zähnen und hörte einigen Kameraden zu. Einige Mädchen standen beim Eingang.

Die Nationalbibliothek

Ein Porträt des Künstlers als junger Mann

Willkommen, Leben! Als Millionster zieh ich aus, um die Wirklichkeit der Erfahrung zu finden und in der Schmiede meiner Seele das ungeschaffne Gewissen meines Volkes zu schmieden.

27. April: Urvater, uralter Artifex, steh hinter mir, jetzt und immerdar.

Dublin 1904
Triest 1914

Abschied von Dublin

Ein Porträt des Künstlers als junger Mann

Ein Porträt des Künstlers als junger Mann

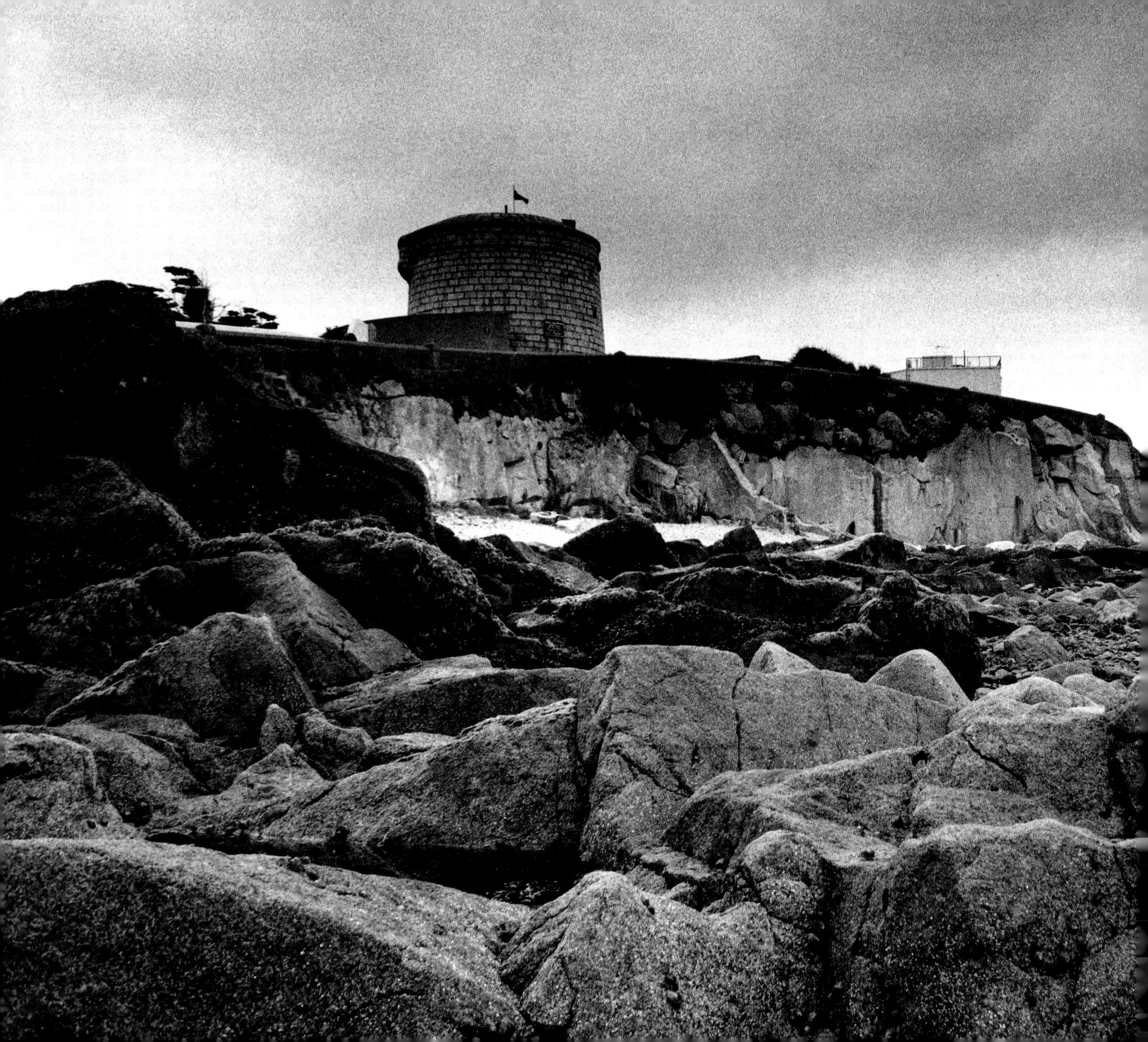

ULYSSES

Stattlich und feist erschien Buck Mulligan am Treppenaustritt, ein Seifenbecken in Händen, auf dem gekreuzt ein Spiegel und ein Rasiermesser lagen. Ein gelber Schlafrock mit offenem Gürtel bauschte sich leicht hinter ihm in der milden Morgenluft. Er hielt das Becken in die Höhe und intonierte:
– *Introibo ad altare Dei.*

Haines fragte:
– Zahlt ihr eigentlich Miete für den Turm?
– Zwölf Pfündlein, sagte Buck Mulligan.
– An den Herrn Kriegsminister, fügte Stephen über die Schulter hinzu.
Sie blieben stehen, Haines musterte den Turm und sagte schließlich:
– Im Winter ziemlich öde, möchte ich meinen. Martello nennt ihr ihn?
– Billy Pitt hat die Dinger gebaut, sagte Buck Mulligan, als der Franzmann fuhr zur See. Aber unserer ist hier der *omphalos*.

Links und *unten:* Der Martello-Turm bei Sandycove

Der Turm und seine Brüstung

Stephen stand auf und ging hinüber an die Brustwehr. Sich darauf lehnend, blickte er hinab auf das Wasser und auf das Postboot, das sich eben aus der Hafeneinfahrt von Kingstown löste.

– Unsere mächtige Mutter, sagte Buck Mulligan.
Er wandte abrupt die großen suchenden Augen ab von der See und Stephens Gesicht zu.

– Die Tante ist der Meinung, du hast deine Mutter umgebracht, sagte er. Deswegen will sie auch nicht, daß ich mit dir verkehre.

– Irgendwer hat sie umgebracht, sagte Stephen düster.

– Du hättest dich ja verdammtnochmal auch hinknien können, Kinch, als deine sterbende Mutter dich darum bat, sagte Buck Mulligan. Ich bin genauso ein Hyperboreer wie du. Aber wenn ich denke, daß deine Mutter dich mit ihrem letzten Atemzug anbettelt, du sollst doch niederknien und für sie beten! Und du sagst nein! Mensch, du hast was Unheimliches in dir ...

Sie folgten dem gewundenen Pfad hinunter zur schmalen Buchtung. ... Ein junger Mann, der sich in seiner Nähe an einem Felszacken festhielt, bewegte langsam wie ein Frosch die grünen Beine im tiefen Gallert des Wassers. ...
Stephen wandte sich zum Gehen.

– Ich mach´ mich davon, Mulligan, sagte er.

– Laß uns den Schlüssel da, Kinch, sagte Buck Mulligan, damit mir meine Chemise nicht wegflattert.
Stephen händigte ihm den Schlüssel aus. Buck Mulligan legte ihn quer auf seinen Kleiderhaufen.

– Und einen Zwopence, sagte er, für ´ne Pinte. Wirf ihn dort hin. Stephen warf zwei Pennies auf den weichen Haufen. Anziehen, ausziehen. Buck Mulligan, aufrecht, die Hände gefaltet, sagte feierlich:

– Wer da stiehlt bei den Armen, leihet dem Herrn. Also sprach Zarathustra.
Sein feister Körper platschte ins Wasser.

Forty Foot Hole, Strand in der Nähe des Martello-Turms

Ulysses

Ulysses

Ulysses

— Du, Armstrong, sagte Stephen. Welches Ende fand Pyrrhus?

— Welches Ende, Pyrrhus, Sir?

— Ich weiß es, Sir! Fragen Sie mich, Sir, sagte Comyn.

— Warte. Du, Armstrong. Weißt du etwas über Pyrrhus?

Ein Beutel Feigenrollen lag in Armstrongs Ranzen versteckt. Er drehte sie manchmal zwischen den Handflächen und schlang sie verstohlen hinunter. Krümel hafteten am Gewebe seiner Lippen. Versüßter Knabenatem. Wohlhabende Leute, stolz darauf, daß ihr ältester Sohn bei der Marine war. Vico Road, Dalkey.

— Pyrrhus, Sir? Pyrrhus, ein Pier.

Alle lachten. Freudloses hohes hämisches Gelächter. Armstrong blickte in die Runde seiner Klassenkameraden, törichten Frohsinn im Profil. Gleich werden sie noch lauter lachen, meinen Mangel an Autorität spüren und an das Schulgeld denken, das ihre Papas bezahlen.

— Dann erzähl mir jetzt einmal, sagte Stephen und stieß den Jungen mit dem Buch leicht gegen die Schulter, was ein Pier ist.

— Ein Pier, Sir, sagte Armstrong. Das ist sowas draußen in den Wellen. Eine Art Brücke. Kingstown Pier, Sir.

Einige lachten wieder: freudlos, doch absichtsvoll. Zwei auf der Hinterbank tuschelten. Ja. Sie wußten: hatten nie gelernt noch jemals Unschuld besessen. Alle. Neidvoll betrachtete er ihre Gesichter. Edith, Ethel, Gerty, Lily. Ihresgleichen: auch ihr Atem versüßt von Tee und Marmelade, ihre Armbänder ein wippendes Kichern, wenn sie sich sträubten.

— Kingstown Pier, sagte Stephen. Ja, eine sitzengebliebene Brücke.

Die Worte verwirrten ihren Blick.

Links: Joyce unterrichtete wie Stephen Dedalus in diesem Haus in Dalkey

Unten: Der Pier bei Kingstown, heute Dun Laoghaire

Ulysses

Ulysses

Stephen schloß die Augen und hörte seine Stiefel krachend Tang und Muscheln malmen. Jedenfalls gehst du hindurch irgendwie. Das tue ich, mit jeweils einem langen Schritt. Einen sehr kurzen Zeitraum lang durch sehr kurze Raumzeiten. Fünf, sechs: das *Nacheinander*. Genau: und das ist die unausweichliche Modalität des Hörbaren. Öffne deine Augen. Nein. Jesus! Wenn ich von einem Felsen fiele, der in die See nickt über seinen Fuß, ich fiele unausweichlich durch das *Nebeneinander*. Ich komme ganz schön voran in der Dunkelheit. Mein Eschenschwert hängt mir an der Seite. Tipp an damit: sie tun's. Meine beiden Füße in seinen Stiefeln sitzen am Ende seiner Beine, *nebeneinander*. Klingt sehr solide: gemacht vom Klöpfel von *Los Demiurgos*. Geh ich denn in die Ewigkeit hinein, so hin auf dem Sandymount-Strand?

Der körnige Sand war verschwunden unter seinen Füßen. Seine Stiefel traten wieder auf feuchte krachende Mast, auf Messerscheidenmuscheln, quietschende Kiesel, was murmelnd auf zahllosen Kieseln tobt, vom Bohrwurm durchsiebtes Holz, verlorene Armada. Unheilsame Sandflächen lauerten darauf, an seinen tretenden Sohlen zu saugen, kloakigen Dunst ausdünstend. Er hielt sich an ihren Rändern, bedachtsamen Schritts. Eine Porterflasche stand aufrecht, stak bis zur Hüfte, im Kuchenteig des Sands. Eine Schildwache: Insel des schrecklichen Durstes. Zerbrochene Faßreifen am Gestade; an Land eine Wirrnis dunkler listiger Netze; weiter einwärts kreidebekritzelte Hintertüren und auf dem höheren Strand eine Trockenleine mit zwei gekreuzigten Hemden. Ringsend: Wigwams brauner Rudergänger und Handelskapitäne. Menschliche Muscheln.

Der Strand von Sandymount

Ulysses

Der Hund der beiden sprang tänzelnd um eine Bank schwindenden Sandes, trabend, schnuffelnd überall. Hält nach etwas Ausschau, was er in einem früheren Leben verloren. Plötzlich sauste er davon wie ein tollender Hase, die Ohren angelegt, Jagd auf den Schatten einer tiefstreichenden Möve. Des Mannes schriller Pfiff spitzte ihm die Schlappohren. Er kehrte um, tollte zurück, kam näher, trabte mit blinkenden Flanken. Auf orangebraun tingiertem Feld ein Bock, einen Lauf gehoben, in natürlicher Farbe, ohne Geweih. Am Spitzensaum der Flut hielt er an, mit steifen Vorderhufen, seewärtsgerichteten Ohren. Seine emporgewandte Schnauze stieß Gebell gegen das Wellengerausch, Herden von Walrossen. Sie schlängelten sich auf seine Füße zu, sich wellend, aufschwellend in vielen Kämmen, jede neunte sich brechend, verplätschernd, aus weiter, aus weiterer Ferne, Wellen um Wellen.

Der Strand von Sandymount

Ulysses

Ulysses

»Wäre ein ganz schönes Geduldsspiel, quer durch Dublin, ohne an einer Kneipe vorbei.«

Ulysses

Ulysses

Ulysses

An Ladekränen entlang dem Sir John Rogerson's Quay schritt Mr. Bloom gesetzt dahin, vorbei an der Windmill Lane, an Leask's Leinsamenmühle, am Telegraphenamt. Hätte auch das als Adresse angeben können. Und vorüber am Seemannsheim. Er wandte sich ab von den Morgengeräuschen des Kaigeländes und ging durch die Lime Street. Bei Brady's Cottages lungerte ein Gerberjunge herum, seinen Abfalleimer über den Arm gehängt, einen zerkauten Zigarettenstummel rauchend. Ein kleineres Mädchen mit Ekzemnarben auf der Stirn beäugte ihn, verdrossen einen zerbeulten Faßreifen haltend. Sollte ihm eigentlich sagen, wenn er raucht, dann wächst er nicht. Ach laß ihn doch! Sein Leben ist sowieso nicht auf Rosen gebettet! Warten vor Kneipen draußen, um Pa nach Hause zu bringen. Komm nach Hause zu Ma, Pa. Ungünstige Zeit, Flaute: werden wohl nicht viele hinkommen. Er überquerte die Townsend Street, ging vorbei an dem finstern Gesicht von Bethel. El, ja: Haus des: Aleph, Beth. Und vorbei an Nichols' Beerdigungsinstitut. Ist um elf. Noch Zeit genug. Also diesen Job, den hat sich todsicher Corny Kelleher geangelt, für O'Neill.

Links: Sir John Rogerson's Quay

Ulysses

Er hatte die offene Hintertür von All Hallows erreicht. Unter den Eingang tretend, nahm er den Hut ab, zog die Karte aus der Tasche und steckte sie wieder hinter das lederne Schweißband. ...

Der kalte Geruch geweihten Steins lockte ihn an. Er schritt über die ausgetretenen Stufen, stieß die Schwingtür auf und trat leise von der Hinterseite ein.

Er sah, wie der Priester sich niederbeugte und den Altar küßte, dann sein Gesicht wandte und alles Volk segnete. Alle bekreuzigten sich und standen auf. Mr. Bloom blickte um sich und stand dann ebenfalls auf, hinwegsehend über die auferstandenen Hüte. Natürlich, aufstehn, beim Evangelium. Dann ließen sich alle erneut auf die Knie nieder, und er setzte sich ruhig zurückgelehnt wieder auf seine Bank. Der Priester kam vom Altar nach vorn, das Ding ausgestreckt vor sich haltend, und er und der Meßknabe antworteten einander auf Latein. Dann kniete der Priester nieder und las von einer Karte ab:

– O Gott, unsre Zuflucht und Stärke ...

Mr. Bloom streckte das Gesicht vor, um die Worte mitzubekommen. Englisch. Schmeißen ihnen den Knochen hin. Ich entsinn mich nur schwach. Wie lange ist das eigentlich her, daß du zuletzt in der Messe warst? Gloria und unbefleckte Jungfrau. Joseph, ihr vertrauter Mann. Peter und Paul. Viel interessanter, wenn man verstünde, um was es sich da jeweils dreht. Aber als Organisation bestimmt ja phantastisch, läuft wie ein Uhrwerk. Die Beichte. Jeder drängt danach. Dann will ich Dir auch alles erzählen. Buße. Bestraf mich bitte. Starke Waffe in ihren Händen. Viel mehr als beim Arzt oder Rechtsanwalt. Weiber sind richtig wild drauf.

Oben und *rechts*: Die Kirche des Heiligen Andrew in der Westland Row, von Joyce All Hallows Kirche genannt

Ulysses

Ulysses

Ulysses

Der Drogist blätterte Seite um Seite zurück. Sandgelb verschrumpelt, so riecht er scheints auch. Schrumpfkopf. Und alt. Suche nach dem Stein der Weisen. Die Alchimisten. Drogen regen zwar geistig an, machen einen aber alt. Lethargie dann. Wieso? Reaktion. Eine ganze Lebensdauer in einer Nacht. Verändert schrittweis den Charakter. So ein Leben, den ganzen Tag zwischen Kräutern, Salben, Desinfektionsmitteln. All seine alabasternen Lillipöttchen. Mörser und Stösel. Aq. Dest. Fol. Laur. Te Virid. Brauchts bloß zu riechen, dann ist man schon geheilt, wie wenn man beim Zahnarzt klingelt.

Ulysses

Crossguns Bridge: der Royal Canal.

Wasser rauschte röhrend durch die Schleusen. Ein Mann stand zwischen Torfballen auf seiner langsam sinkenden Schute. Auf dem Treidelpfad neben der Schleusenkammer ein locker angeseiltes Pferd. An Bord der *Bugabu*.

Ihre Augen beobachteten ihn. Auf dem trägen verkrauteten Wasser war er dahingetrieben mit seinem Floß, küstwärts, quer durch ganz Irland, von einem Schleppseil gezogen, an Riedbeeten vorbei, über Schlamm und Schlick, verstopfte Flaschen, Hundskadaver, Aas. Athlone, Mullingar, Moyvalley, ich könnte eigentlich ja auch eine Wandertour machen, um Milly zu besuchen, am Kanal entlang. Oder mit dem Fahrrad hinfahren. Mir irgend so ein altes Klappergestell mieten, Sicherheitsrad. Wren hatte doch neulich eins auf der Auktion, aber ein Damen. Ausbau von Wasserstraßen. James M´Canns Steckenpferd, Fährmann, hol über. Viel billiger Transport. In leichten Etappen. Hausboote. Im Freien kampieren. Auch Leichenwagen. Gen Himmel zu Wasser. Vielleicht schreib ich vorher gar nicht erst. Überraschungsbesuch, Leixlip, Clonsilla. Immer weiter runter, Schleuse um Schleuse, bis Dublin. Mit Torf aus den Midland-Mooren. Gruß. Er lüftete seinen braunen Strohhut, grüßte Paddy Dignam.

Der »Königliche Kanal« (Royal Canal)

Die hohen Gitter des Prospect-Friedhofs rippelten an ihrem Blick vorbei. Dunkle Pappeln, gelegentliche weiße Formen. Formen dann häufiger, weiße Gestalten gedrängt inmitten der Bäume, weiße Formen und Fragmente stumm vorüberströmend, mit leer erstarrten Gesten in der Luft.

Vorn schimmerten die Tore: offen noch. Zurück in die Welt, dem Leben wiedergegeben. Für diesmal reichts einem wieder. Bringt einen jedesmal ein Stückchen näher... Da kann man doch die Gänsehaut kriegen. Ich werd dir erscheinen nach dem Tode. Du wirst meinen Geist sehen nach dem Tode. Mein Geist wird dich heimsuchen nach dem Tode. Es gibt eine andere Welt nach dem Tode, die Hölle heißt. Ich mag nichts von den andern Welten wissen, hat sie geschrieben. Ich gleichfalls nicht. Viel noch zu sehen, zu hören, zu fühlen. Lebendige warme Wesen nah sich fühlen. Laßt die hier doch schlafen in ihren madigen Betten. Mich kriegen sie nicht dazu ran, mich nicht. Ich bin für die warmen Betten: warmes blutvolles Leben.

Der Friedhof von Glasnevin

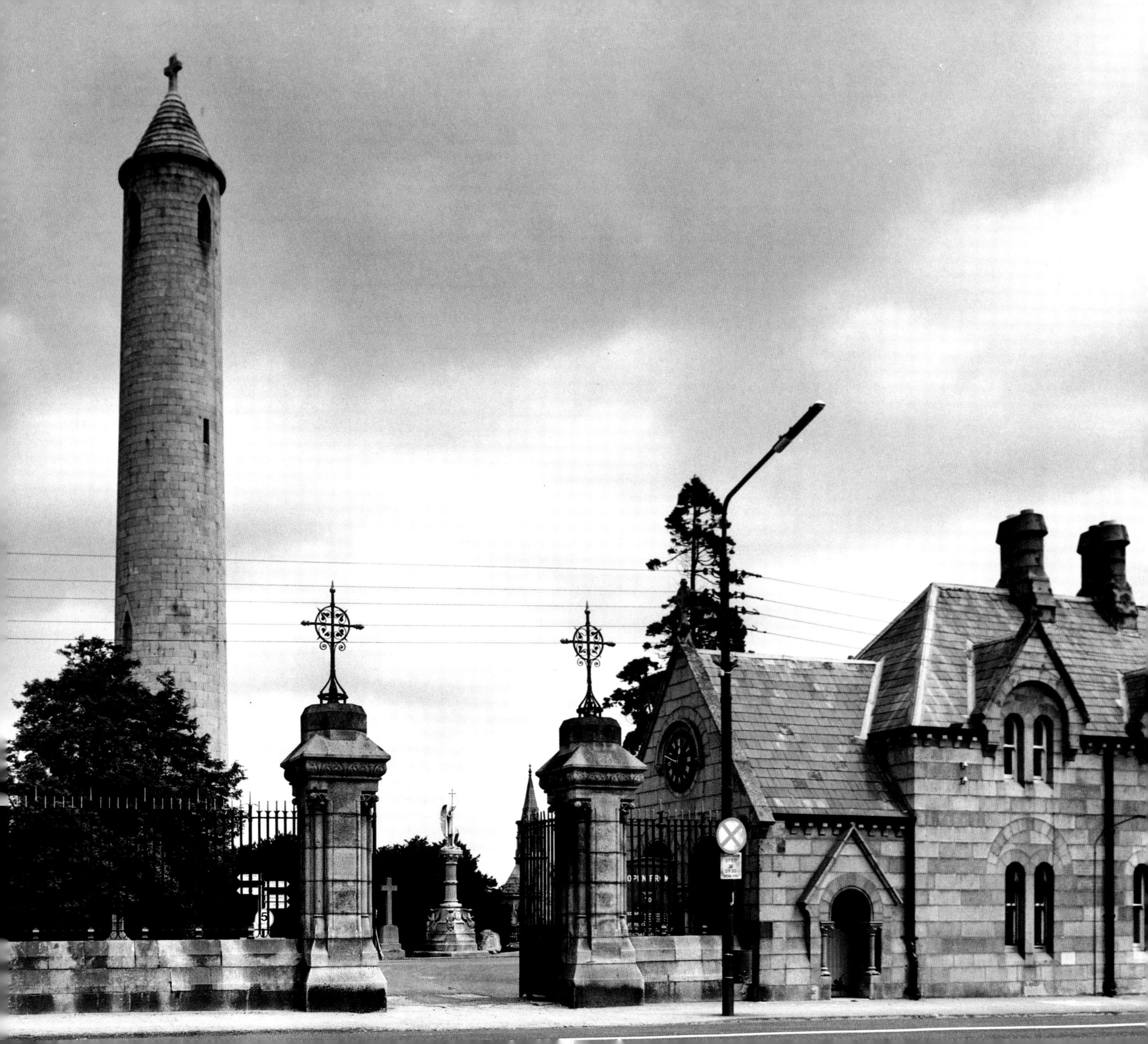

Ulysses

Mr. Bloom ging unbeachtet an seinem Hain entlang, vorbei an trüb trauernden Engeln, Kreuzen, zerbrochenen Säulen, Familiengrüften, steinernen Hoffnungen, die beten mit aufwärts gerichteten Augen, Old Irlands Herzen und Hände. Vernünftiger, das Geld zu wohltätigen Zwecken auszugeben, für die Lebenden. Betet für die Ruhe der Seele von. Tut das denn wirklich mal einer? Lassen ihn ins Grab rutschen und sind mit ihm fertig. Wie eine Kohlenschütte runter. Schmeißen sie dann zusammen, um Zeit zu sparen. Allerseelentag. Am siebenzwanzigsten bin ich an seinem Grab. Zehn Schilling für den Gärtner. Hälts von Unkraut frei. Selber ein alter Mann. Krummgebogen, kappt er mit der Schere. Nahe des Todes Pforte. Der da von uns ging. Der dies Leben verließ. Als wenn sies aus eigenem Antrieb täten. Haben halt den Schubs gekriegt, allesamt. Der da biß ins Gras. Viel interessanter, wenn draufstünde, was sie so gewesen sind im Leben. Dingsbums Soundso, Stellmacher. Ich war Reisender in Kork-Linoleum. Ich mußte 25 Perzent zahlen. Oder bei einer Frau ihre Bratpfanne mit drauf. Ich hab gut Irish Stew gekocht. Eulogie auf einem Landfriedhof, das solltes sein, dieses Gedicht, von wem wars doch gleich, Wordsworth oder Thomas Campbell. Zur ewigen Ruhe gegangen, sagen die Protestanten. Da, das vom alten Dr. Murren. Der Große Arzt rief ihn heim. Na schön, für sie ists Gottes Acker. Netter Landsitz eigentlich. Neu verputzt und gestrichen. Ideales Fleckchen, um in Ruhe seine Pfeife zu rauchen und die *Church Times* zu lesen. Heirats-Annoncen versuchen sie nie aufzuschönen. Rostige Kränze, auf Haken gehängt, Girlanden aus Bronzeblech. Da hat man mehr für sein Geld. Aber Blumen sind natürlich poetischer. Das andere wird ziemlich langweilig bald, wo es doch nie welkt. Drückt gar nichts aus. Immortellen.

Er ging unter Tommy Moores spitzbübischem Finger her über die Straße. Ganz richtig, daß sie ihn da über einem Pissoir angebracht haben: Treffpunkt der Wasser. Eigentlich sollte es sowas auch für Frauen geben. Die laufen dafür in Konditoreien. Schnell meinen Hut richten.

Mit klopfendem Herzen stieß er die Tür zu Burtons Restaurant auf. Gestank packte seinen fliegenden Atem: scharfer Fleischsaft, Gemüsebrühe. Sieh dir das an: Fütterung der Raubtiere.
 Männer, Männer, Männer.
 Hoch hockend auf hohen Hockern an der Bar, die Hüte zurückgeschoben, an den Tischen nach Brot rufend, mehr Brot, das es gratis gab, saufend voll Gier, schlagweise den Drecksfraß verschlingend, mit quellenden Augen, benäßte Schnurrbärte wischend. Ein bleicher talggesichtiger junger Mann polierte sich Glas, Messer, Gabel und Löffel mit seiner Serviette. Ein neuer Schwall von Mikroben. Ein Mann mit einem soßebekleckerten Kinderlätzchen um den Hals schaufelte sich gurgelnde Suppe in den Schlund. Ein anderer Mann spuckte wieder aus auf seinen Teller: halbzerkleinerte Knorpel: keine Zähne mehr, sie zu kaukaukauen. Hammelkotelett vom Grill. Schlings runter, bloß damits weg ist. Traurige Säuferaugen. Hat sich mehr abgebissen als er kauen kann. Bin ich genauso?

Links: Das Denkmal von Tom Moore
Rechts: Mittag in einem Dubliner Café

Ulysses

Ulysses

Als er den Fuß auf die O´Connell Bridge setzte, puffte ein Federball aus Rauch von der Brüstung auf. Brauereischute mit Export-Stout. England. Von Seeluft wirds sauer, hab ich mal gehört. Wäre doch interessant, mal die Brauerei zu besichtigen eines Tages, Freischein vielleicht durch Hancock. Ist ja glatt eine Welt für sich. Die Porter-Kufen, wundervoll.

Ulysses

Ulysses

Links: Stephen im Lesesaal der National-Bibliothek

Eingesargte Gedanken um mich herum, in Mumientruhen, einbalsamiert in Wortspezerei. Thoth, Gott der Bibliotheken, ein Vogelgott, mondgekrönt. Und ich hörte die Stimme jenes ägyptischen Hohenpriesters. *In gemalten Kammern, angefüllt mit Ziegelbüchern.*

Mr. Bloom kam zur Kildare Street. Zuerst muß ich noch. Die Bibliothek.

Strohhut im Sonnenschein. Lohfarbene Schuhe. Umgeschlagene Hosen. Das ist doch. Das ist doch.

Sein Herz poppte weich. Nach rechts. Das Museum ... ruhig dort. Gleich in Sicherheit.

Nein, hat mich nicht gesehen. Nach zwei. Ausgerechnet am Tor. Mein Herz!

Seine pulsenden Augen blickten starr auf kremige Kurven aus Stein. Sir Thomas Deane war die griechische Architektur.

Suche was, was ich.

Seine hastige Hand fuhr rasch in die Tasche, zog heraus, las, entfaltete: Agendath Netaim. Wo hab ich denn?

Geschäftiges Suchen nach.

Agendath: er stopfte rasch wieder zurück.

Nachmittag sagte sie.

Ich suche die. Ja, die. Alle Taschen nachsehn. Taschentu. *Freeman.* Wo hab ich denn bloß? Ah, ja. Die Hose. Portemonnaie. Kartoffel. Wo hab ich denn?

Beeil dich. Geh ruhig. Noch einen Moment. Mein Herz.

Seine Hand suchte nach der wo hab ich denn bloß und fand in der Gesäßtasche die Seife, Toilettenwasser, muß noch wieder vorbei, lauwarmes Papier, angeklebt. Ah, da ist ja die Seife!

Ja. Das Tor. In Sicherheit.

Rechts: Der Eingang zum Nationalmuseum, wo Leopold Bloom eine Begegnung mit Blazes Boylan verhindern kann

Ulysses

Er betrat das Davy Byrne's. Anständiges Lokal. Kein Schwätzer, der Wirt. Gibt manchmal sogar einen aus. Aber nur wenn Schaltjahr, alle vier einmal. Hat mal einen Scheck kassiert für mich.

Was nehm ich denn gleich? Er zog seine Uhr. Na, wolln mal sehen. Shandygaff?

– Hallo, Bloom! sagte Nosey Flynn aus seinem Winkel.
– Hallo, Flynn.
– Wie läuft's denn so?
– Tipptopp ... Warten Sie. Ich nehme ein Glas Burgunder und .... Moment noch.

Sardinen auf den Regalen. Schmeckt sie fast schon, wenn man hinsieht. Sandwich vielleicht? Schinken mit Zubehör dort, besenft auf Brot. Fleischkonserven. Was ist Ihr Heim ohne Plumtrees? Eine Last für die Nerven. So etwas Stumpfsinniges von Annonce!

Links und *rechts:* Davy Byrnes Kneipe heute

Ulysses

– Wie interessant! sagte ein vornehmer Akzent in der Dunkelheit.

– Jawohl, Sir, sagte Ned Lambert herzhaft. Wir stehen in dem historischen Ratszimmer der St. Mary´s Abbey, wo der seidene Thomas sich 1534 zum Rebellen ausrief. Das ist hier der geschichtsträchtigste Fleck in ganz Dublin. ... Ned Lambert knackte mit den Fingern in der Luft.

– Gott, schrie er. Jetzt hab ich doch glatt vergessen, ihm das von dem Earl of Kildare zu erzählen, wie er die Cashel-Kathedrale in Brand gesteckt hatte. Du kennst die Geschichte? *Tut mir verdammt leid, daß ich das gemacht habe, sagt er, aber ich erkläre vor Gott, ich dachte, der Erzbischof wäre drin.* Hätte ihm aber vielleicht gar nicht geschmeckt. Was? Gott, ich erzähl´s ihm trotzdem mal. Das war der große Earl, der Fitzgerald Mor. Warn allesamt tolle Kerls, die Geraldines.

Oben: Die Abtei St. Mary in der Meetinghouse Lane

– Was machst denn du hier, Stephen.

Dillys hohe Schultern und schäbiges Kleid.

Schnell zu mit dem Buch. Laß sie´s nicht sehen.

– Und was machst du? sagte Stephen.

Ein Stuart-Gesicht des unvergleichlichen Charles, dünne Locken seitlich niederfallend. Es glühte, als sie sich bückte, das Feuer nährend mit zerrissenen Schuhen. Ich hab ihr von Paris erzählt. Späte Langschläferin unter einer Decke aus alten Mänteln, ein Talmiarmband befingernd, Dan Kellys Freundschaftspfand. *Nebrakada femininum.*

– Was hast du da? fragte Stephen.

– Ich hab es bei dem andern Karren gekauft, für einen Penny, sagte Dilly und lachte nervös. Taugt es was?

Sie hat, sagt man, meine Augen. Sehn andere mich so? Flink, weit und wagend. Schatten meines Geists.

Er nahm ihr das deckellose Buch aus der Hand. Chardenals Französisches Elementarbuch.

– Wozu hast du dir denn das gekauft? fragte er. Um Französisch zu lernen?

Sie nickte, errötend, und preßte die Lippen zusammen.

Keine Überraschung zeigen. Ganz natürlich.

– Hier, sagte Stephen. Ist ganz gut. Paß auf, daß Maggy es dir nicht versetzt. Meine Bücher sind ja wohl alle schon weg.

– Paar davon, sagte Dilly. Wir mußten.

Sie ist am Ertrinken. Dere gewizzede. Rette sie. Biz. Alles gegen uns.

Bücherstand in der Nähe des Merchant´s Arch

Ulysses

Ulysses

An der Haltestelle Howth Road stieg Pater Conmee aus, wurde vom Schaffner gegrüßt und grüßte seinerseits zurück.

Die Malahide Road war still. Pater Conmee mochte sie, die Straße und ihren Namen. Es läuteten die Freudenglocken im fröhlichen Malahide. Lord Talbot de Malahide, unmittelbar erblicher Lordadmiral von Malahide und den angrenzenden Meeren. Dann kam der Ruf zu den Waffen, und sie war Mädchen, Weib und Witwe an einem Tag. Das waren noch Zeiten, jene alten Tage, loyale Zeiten in fidelen Stadtlanden, alte Zeiten in der Baronie.

Pater Conmee dachte im Gehen an sein kleines Buch *Alte Zeiten in der Baronie* und an das Buch über Jesuitenhäuser, das sich vielleicht noch schreiben lassen würde, und an Mary Rochfort, Tochter von Lord Molesworth, erste Gräfin von Belvedere.

Schloß Malahide, Dublin

Ulysses

– Ich weiß, sagte Mr. Dedalus, nickend. Der arme alte Hinkebein Ben! Ist immer bereit, was für einen zu tun. Kopf hoch!

Er setzte seinen Kneifer auf und schaute einen Augenblick zur Eisenbrücke hinüber.

– Da ist er ja, bei Gott, sagte er, samt Arsch und Ohren!

Ben Dollards loser blauer Cutaway und breiter Hut über weiten Schlapphosen überquerte den Kai von der Eisenbrücke in vollem Trab. Er kam im Paßgang auf sie zu, sich geschäftig unter den Rockschößen kratzend.

Als er nah heran war, grüßte Mr. Dedalus:

– Kuckmal, der Bursche da mit den komischen Hosen!

– Ja, kuck sich den einer an, sagte Ben Dollard.

Mr. Dedalus beäugte mit kalter wandernder Verachtung verschiedene Punkte an Ben Dollards Gestalt. Dann wandte er sich mit einem Nicken an Pater Cowley und murmelte feixend:

– Das ist ein netter Anzug, was, für einen Sommertag?

– Kerl, verfluche dir Gott deine Seele ewiglich, grölte Ben Dollard wild, ich hab in meinem Leben schon mehr Sachen abgetragen, als du je zu sehen gekriegt hast!

Die Eisenbrücke (Metal Bridge oder Halfpenny Bridge), die über die Liffey führt

Ulysses

Nächste Seite:
Die Kavalkade verließ den Phoenix Park durch das untere Tor, wurde dort von unterwürfigen Polizisten gegrüßt und bewegte sich an der Kingsbridge vorbei über die nördlichen Kais. Der Vizekönig empfing auf seinem Weg durch die Metropole überall die herzlichsten Grußbezeigungen. An der Bloody Bridge grüßten ihn jenseits des Flusses Mr. Thomas Kernan eitel umsonst von fern. Zwischen der Queen´s und der Whitworth Bridge blieben Lord Dudleys vizekönigliche Kutschen beim Vorüberfahren ungegrüßt von Mr. Dudley White, B.L., M.A., der auf dem Arran Quay vor der Pfandleihe von Mrs. M.E. White stand, Ecke Arran Street West, und sich mit dem Zeigefinger die Nase strich, unentschieden, auf welchem Wege er schneller in Phibsborough ankommen würde, per Trambahn mit dreimaligem Umsteigen, mit der Droschke oder zu Fuß durch Smithfield, Constitution Hill und Broadstone Terminus. In der Säulenhalle der Four Courts erblickte ihn voller Überraschung Richie Goulding mit der Aktentasche von Goulding, Collins und Ward. Hinter der Richmond Bridge, auf den Stufen zum Büro von Reuben J.Dodd, Rechtsanwalt, Vertreter der Patriotic Insurance Company, änderte eine ältere Frau, die eben im Begriff stand einzutreten, ihren Plan, und indem sie ihre Schritte an King´s Fenstern vorüberlenkte, lächelte sie dem Repräsentanten Seiner Majestät gläubig zu.

Nächste Seite: Blick über Dublin

Ulysses

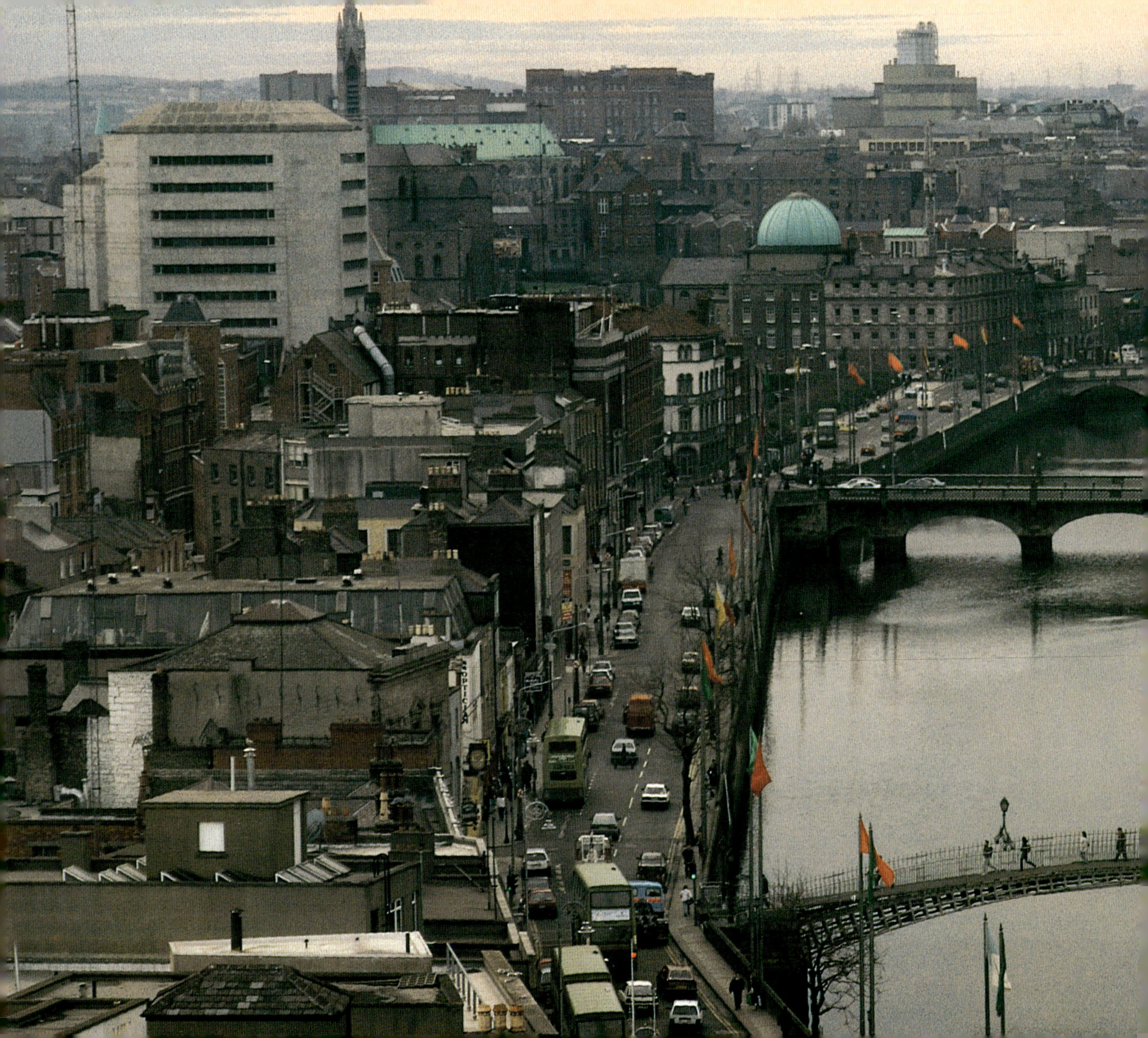

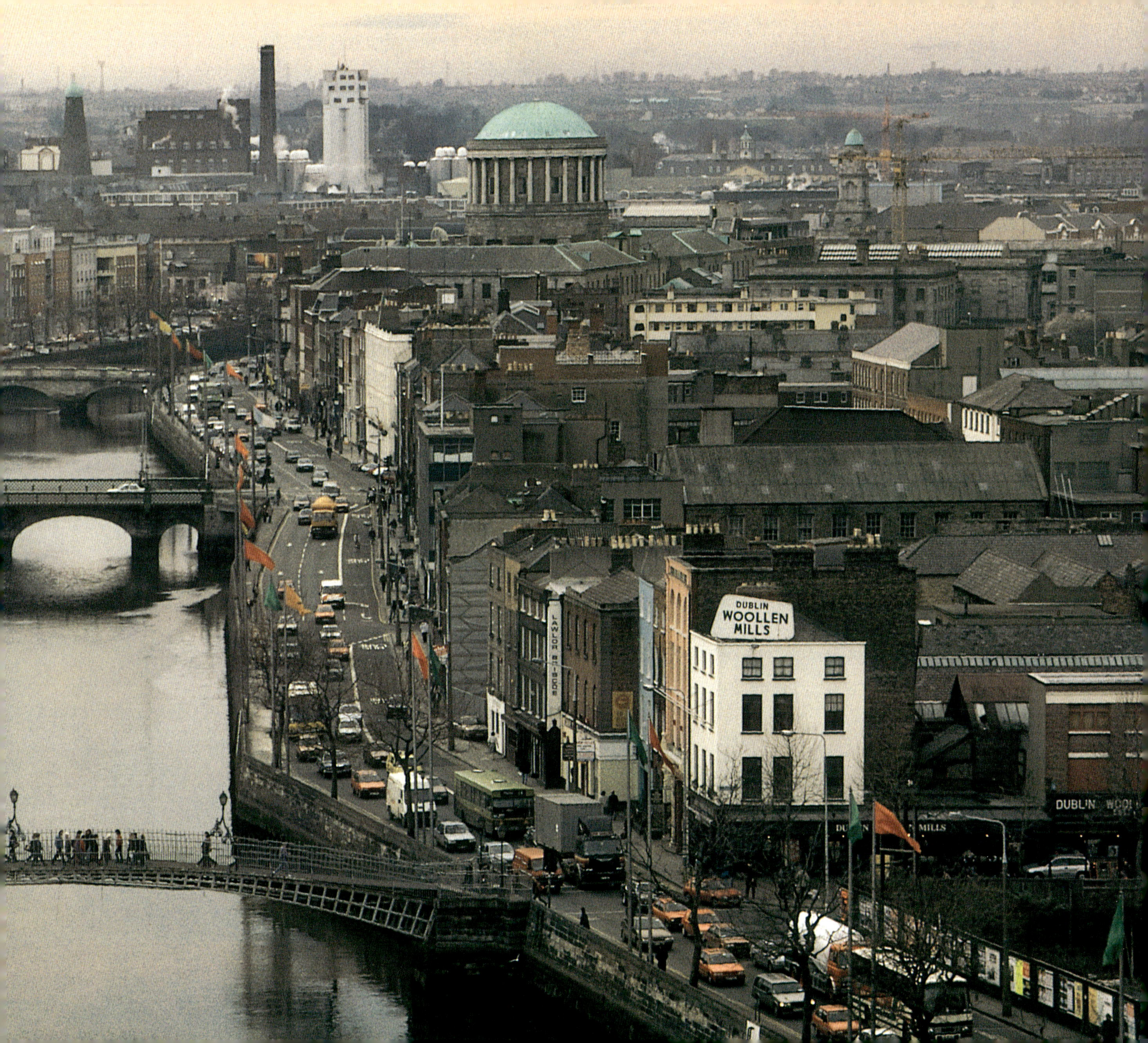
DUBLIN
WOOLLEN
MILLS
LAWLOR
MILLS
DUBLIN

– Sag mal, bist du nicht strenger Temperenzler? sagt Joe.

– Keinen Schluck zwischen den Trinkzeiten, sag ich.

– Wie wärs, wenn wir unserm Freund mal ne kleine Aufwartung machten? sagt Joe.

– Wem? sag ich. Klar, der sitzt im John of God's, total pleng, der arme Mann.

– Säuft sein eigenes Zeug, was? sagt Joe.

– Jau, sag ich. Whisky und Wasser im Oberstübchen.

– Komm mit rum zu Barney Kiernan, sagt Joe. Ich muß unbedingt den Bürger sehen.

– Barney, unser Schätzchen? Wird gemacht, sag ich.

Die Kneipe von Barney Kiernan gibt es nicht mehr, dafür aber Mulligans Pub

Hallo. Wohin so eilig? Was essen? Wollt ich grade auch. Hier rein. Was, Ormond? Was Besseres nicht in ganz Dublin. Tatsächlich? Speiseraum. Da sitzt man prächtig. Sieht, aber wird nicht gesehen. Ich glaube, ich komme mal mit. Na, dann los. Richie voran. Bloom folgte der Tasche. Ein Essen wie für einen Fürsten.

Miss Douce reckte sich hoch, eine Weinkaraffe zu fassen, den Atlasarm streckend, die Büste, daß alles fast barst, so hoch.

Ulysses

Also ein Leben muß das ja sein, was die Kerls da draußen führen, immer auf derselben Stelle fest. Irish Lights Board. Strafe für ihre Sünden. Ebenso die Küstenwachen. Rakete und Hosenboje und Rettungsboot. An dem Tag, wo wir die Vergnügungsfahrt machten auf der Erin´s King, da warf man ihnen den Sack mit alten Zeitungen runter.

Ulysses

Ulysses

Der Sommerabend hatte begonnen, die Welt in seine geheimnisvolle Umarmung zu nehmen. Fern, weit im Westen, ging die Sonne unter, und die letzte Glut des nur allzu schnell entschwindenden Tages weilte lieblich noch auf See und Strand, auf dem stolzen Vorgebirge des guten alten Howth, der wie eh und je über den Wassern der Bucht wachte, auf den unkrautbewachsenen Felsen des Gestades von Sandymount und, nicht zuletzt, auf dem stillen Kirchlein, dem von Zeit zu Zeit die Stimme des Gebets entströmte, hinaus in die Stille und hinauf zu ihr, die da ewig ist ein Leuchtfeuer in ihrem reinen Strahlenglanze dem sturmumtosten Menschenherzen, Maria, Stern des Meers.

Links: Die Kirche »Maria, Stern des Meers« (Our Lady Star of the Sea) bei Sandymount

Unten: Howth Head

Ulysses

Ulysses

Und dâ sie noch sprâchen war geoffent des slozzes tor und nâhete ein gar grôz gebrehte als wie von vilen so bî tavel sizen. Und es trât an den ort dâ sie stunden ein junc lêrekneht der was Dixon genant. Und er kennet den wandeler Leopold ... Und dâ ginc der wandeler Leopold hin eine in das slôz umbe daz er geruowe aldort ein zît danne er was wunt an sîn gelide von daz er gewandelet was dur die lant umbelanc und von dere jagede lust.

BLOOM: Fisch und Kartoffeln. Nichts wert. Ah!
(Er verschwindet im Laden des Schweinemetzgers Olhousen, unter den eben niedergehenden Rolläden. Wenige Augenblicke später taucht er unter der Jalousie wieder auf, der pustende Poldy, der blasende Bloohoom. In jeder Hand trägt er ein Paket; das eine enthält einen lauwarmen Schweinsfuß, das andere einen kalten Schafsfuß, mit Pfeffer bestreut. Er schnauft, als er wieder aufrecht steht. Dann krümmt er sich zur Seite, preßt eins der Pakete gegen die Rippen und stöhnt.)
BLOOM: Seitenstiche. Was bin ich auch so gelaufen.

Links: Das Krankenhaus, in dem der junge Dixon Student war
Rechts: Die Schweinemetzgerei Olhousen ist heute noch immer ein gutgehendes Geschäft, ebenso wie Swenys Drogerie und das Bestattungsinstitut Nichols

Ulysses

BLOOM (*in hafermehlfarbenem Sportanzug, ein Geißblattreis im Rockaufschlag, modisches lederbraunes Hemd, St. Andrews Halsbinde aus schwarzweiß gewürfeltem Wollstoff, weiße Gamaschen, rehfarbenen Staubmantel über dem Arm, lohrote Grobschuhe, Feldstecher am Riemen, grauer, niedrigrunder Filzhut*) : Erinnern Sie sich noch, es ist lange lange her, Jahre und Jahre, kurz nach Milly, Marionettchen nannten wir sie, grad entwöhnt war sie worden, als wir alle zusammen zu den Fairyhouse-Rennen gingen, nicht wahr?
MRS. BREEN (*in smartem, maßgeschneidertem englischen Kostüm, weißem Velourshut und Spinnwebschleier*): Leopardstown.
BLOOM Meine ich ja auch, Leopardstown. Und Molly gewann sieben Schilling mit einem Dreijährigen namens Nevertell, und wir sind dann über Foxrock heimgefahren in dem alten fünfsitzigen Klapperkasten, Sie waren auf dem Höhepunkt damals, und Sie hatten den neuen Hut auf, aus weißem Velours mit dem Maulwurfbesatz, den Sie auf Mrs. Hayes' Rat hin gekauft hatten, weil er auf neunzehnelf heruntergesetzt worden war, ein bißchen Draht und ein alter Lappen Baumwollsamt, und ich gehe jede Wette ein, daß sie das mit Absicht gemacht hat ...

Pferderennen in Leopardstown

122

Ulysses

Ulysses

DER WASSERFALL:
Poulaphouca Poulaphouca
Poulaphouca Poulaphouca.
DIE EIBEN *(ihr Astwerk mischend)*: Lauscht. Flüsterrauschen. Sie hat recht, unsere Schwester. Wir wuchsen am Poulaphouca-Wasserfall. Wir gaben Schatten an schwülen Sommertagen.
JOHN WYSE NOLAN *(im Hintergrund, in der Uniform der Irish National Foresters, zieht das Gamshütchen)*: Wachset und gedeihet! Gebt Schatten an schwülen Tagen, ihr Bäume von Irland!
DIE EIBEN *(murmelnd)*: Wer kam nach Poulaphouca beim Oberschulausflug? Wer verließ seine nüssesammelnden Klassenkameraden, um unsere Schatten zu suchen?
BLOOM *(hühnerbrüstig, hängeschultrig, ausgepolstert, in unbestimmbarem jugendlichen grauschwarz gestreiften Anzug, zu eng für ihn, weißen Tennisschuhen, bordierten Strümpfen mit Umschlag und einer roten Schülermütze mit Abzeichen)*: Ich war ein halbwüchsiger Junge damals, noch im Wachsen.
...
DAS ECHO: Du Narr!
DIE EIBEN *(rauschend)*: Sie hat recht, unsere Schwester. Geflüster. *(Geflüsterte Küsse sind im ganzen Wald zu hören. Hamadryadengesichter lugen aus den Baumstämmen, den Blättern und erblühen zur Blüte.)* Wer entweihte unseren stillen Schatten?
DIE NYMPHE *(zimperlich durch sich teilende Finger)*: Dort! Unter freiem Himmel?
DIE EIBEN *(niederstreichend)*: Schwester, ja. Und auf unserem jungfräulichen Rasen.
DER WASSERFALL:
Poulaphouca Poulaphouca
Poulaphouca Poulaphouca.
DIE NYMPHE *(durch weite Finger)*: Oh! Schande!
BLOOM: Ich war frühreif. Die Jugend. Die Fauna. Ich opferte dem Gotte des Waldes. Die flauernden Bloomen im Frühling. Es war Paarungszeit.

Der Poulaphouca Wasserfall, Kildare

Ulysses

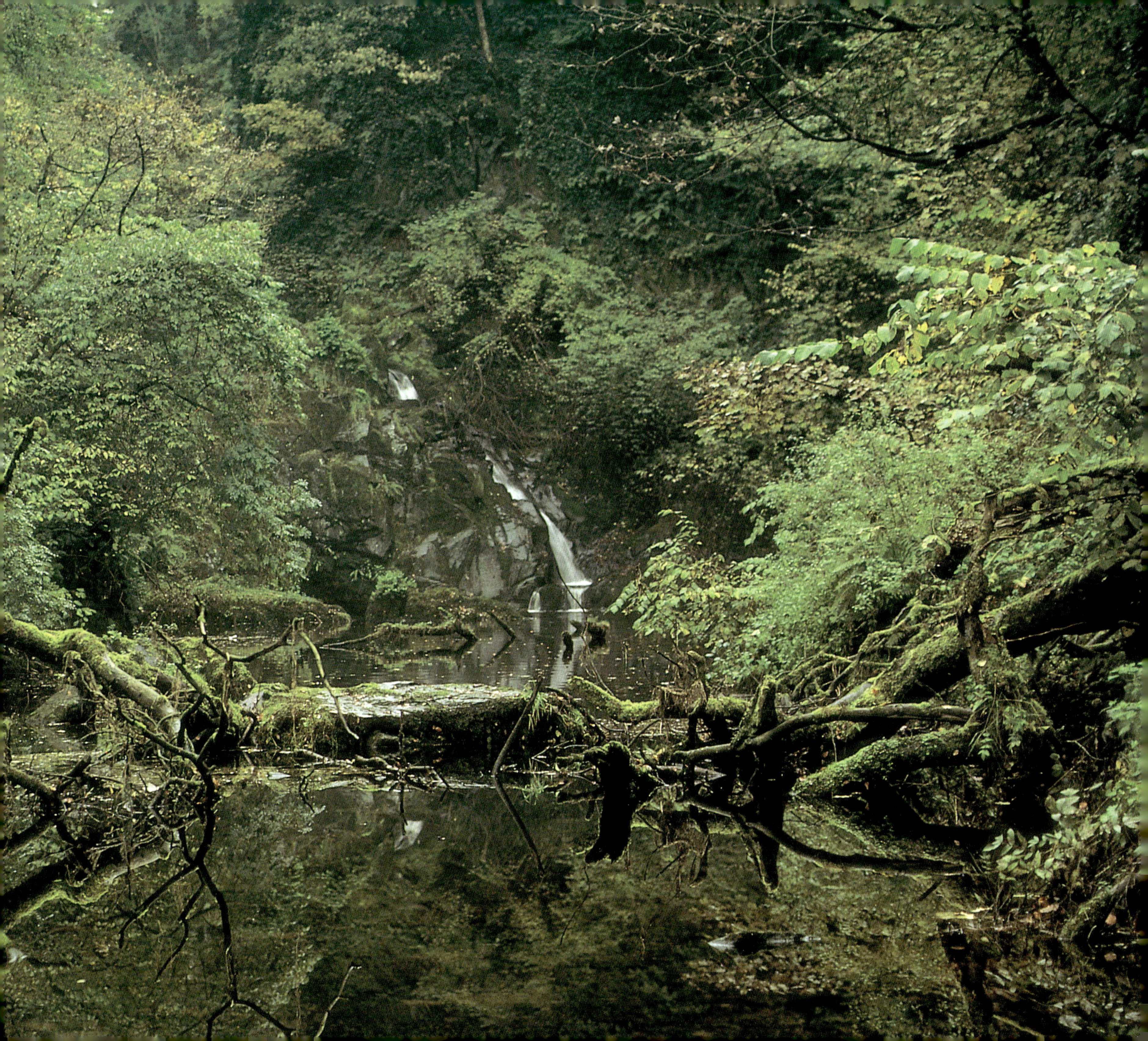

Doch leider war hier, in Erfüllung seiner nur zu gewissen Vorausahnung, weit und breit nicht die Spur von einem Rosselenker zu sehen, der zu einer Mietfahrt bereitgestanden hätte, mit Ausnahme nur eines Vierräders vor dem North Star Hotel, welcher vermutlich von einigen drinnen auf Sauftour befindlichen jungen Leuten in Dienst genommen worden war, und dieser machte keinerlei Anstalten, sich auch nur einen Viertelzoll zu rühren, als Mr. Bloom, der alles andere als ein berufsmäßiger Pfeifer war, sich bemühte, ihn dadurch herbeizurufen, daß er, und zwar gleich zweimal hintereinander, einen allerdings leicht mißlungenen Pfiff austieß und dazu die gewölbten Arme über den Kopf hob.

Das war nun eine verdrießliche Situation, doch wenn man ihr mit gesundem Menschenverstand begegnete, so blieb ersichtlich keine andere Möglichkeit als die, gute Miene zu diesem bösen Spiel zu machen und den Weg unter die Füße zu nehmen, was sie infolgedessen auch taten. So gingen sie denn bei Mullet und dem Signal House, das sie rasch erreichten, schräg hinüber und schritten rüstig weiter aus, in Richtung auf den Bahnhof Amiens Street zu, wobei Mr. Bloom jedoch durch den Umstand behindert war, daß einer seiner hinteren Hosenknöpfe, um ein altehrwürdiges Sprichwort zu variieren, den Weg aller Knöpfe gegangen war, obschon er, nachdem er das Mißgeschick in gründlicher Weise geistig durchdacht hatte, dasselbe nicht weiter tragisch nahm.

Oben: Das North Star Hotel in der Amiens Street
Rechts: Amiens Street Bahnhof, heute Connolly Bahnhof

Ulysses

Ulysses

– Murphy ist mein Name, fuhr der Matrose fort, W.B. Murphy, aus Carrigaloe. Wissen Sie, wo das liegt?

– Queenstown Harbour, erwiderte Stephen.

– Stimmt, sagte der Matrose. Fort Camden und Fort Carlisle. Genau da stamm´ ich her. Meine kleine Frau ist noch da unten. Sie wartet auf mich, das weiß ich. *Für England, Heimat und Schönheit.* Sie ist mein liebes treues Weib, und sieben Jahre hab' ich sie jetzt nicht mehr gesehen, dauernd nur gesegelt.

Mr. Bloom vermochte sich leicht seine Ankunft auf dem genannten Schauplatz vorzustellen – die Heimkehr zur Schutzhütte am Straßenrand, nachdem er dem Vater Ozean ein Schnippchen geschlagen – in einer regnerischen Nacht mit blindem Mond. Quer durch die weite Welt für eine Frau. Zu diesem speziellen Alice-Ben-Bolt-Thema gab es ja eine ganze Anzahl von Geschichten, Enoch Arden und Rip van Winkle, und erinnerte sich hier in der Runde wohl jemand an Caoc O´Leary, ein Lieblingsstück von ihm und eine höchst heikle Deklamations-Pièce übrigens, vom armen John Casey, und auf seine ganz eigene kleine Weise ein Stücklein vollkommener Poesie?

Der Hafen bei Cobh, früher bekannt als Queenstown, Cork

Ulysses

Ulysses

Welche Handlung führte Bloom bei Eintreffen an ihrem Bestimmungsorte aus?

Auf der Haustreppe der 4. der äquidifferenten ungeraden Nummern, Eccles Street Nummer 7, führte er mechanisch die Hand in die Gesäßtasche seiner Hose, um den Wohnungsschlüssel herauszuholen.

Befand dieser sich dort?

Er befand sich in der entsprechenden Tasche der Hose, welche er am vorvorangegangenen Tage getragen hatte.

Warum wurde er hierdurch doppelt zum Zorn gereizt?

Weil er vergessen hatte und weil ihm einfiel, daß er sich zweimal gemahnt hatte, nicht zu vergessen.

Welche Alternativen boten sich nunmehr dem vorsätzlich und (respektive) versehentlich schlüssellosen Paar?

Rein oder Nichtrein. Klopfen oder Nichtklopfen.

Blooms Entschluß?

Eine Kriegslist. Indem er mit den Füßen auf die niedrige Mauer trat, kletterte er über den Vorplatzzaun, drückte sich den Hut auf den Kopf, hielt sich an zwei Stellen der unteren Vereinigung von Gitter- und Querstäben fest, senkte seinen Körper stückweise um seine Länge von fünf Fuß neuneinhalb Zoll bis auf zwei Fuß zehn Zoll auf den gepflasterten Vorplatzboden nieder und ließ denselben Körper sodann frei durch den Raum schnellen, indem er sich von der Vergitterung löste und sich in Vorbereitung auf den Anprall beim Fallen in die Hocke krümmte.

Fiel er?

Aufgrund seines bekannten Körpergewichts von elf Stone vier Pfund Handelsgewicht, wie es von der mit Gradeinteilung versehenen Maschine für periodische Gewichtsermittlung in dem Verkaufslokal von Francis Froedman, Apotheker und Drogist, 19 Frederick Street, North ... beurkundet worden war.

Oben: Die »Heilige Tür« wird in der Duke Street in Baileys Bar und Restaurant aufbewahrt

Links: Die Nr. 78 der Eccles Street ist identisch mit Blooms Haus Nr. 7, das nicht mehr existiert

Das Glencree-Diner. Ratsherr Robert O´Reilly kippte den Portwein in seine Suppe, bevor die Flagge sank, und Bobbob lappte sie auf, für den inneren Ratsherrn. Konnte nicht hören, was die Kapelle spielte. Für alles, was wir von Seiner Güte empfangen haben, möge uns Gott der Herr. Milly war ein ganz junges Ding noch damals. Molly hatte das elefantengraue Kleid an, mit dem geflochtenen Schnurbesatz. Herrengeschneidert, mit Stoffknöpfen... So ein Kleid wie das hat sie nie wieder auf dem Leib gehabt. Saß ihr wie angegossen, Schulter und Hüften. Fing damals grad an, so richtig alles auszufüllen. Kaninchenpastete hatten wir an dem Tag. Die Leute kuckten sich um nach ihr.

– Da war mal ein großes Festessen draußen in der Glencree-Besserungsanstalt, sagte Lenehan eifrig. Das Jahres-Diner, verstehn Sie. In vollem Lametta, so die übliche Geschichte. Der Oberbürgermeister war da, Val Dillon damals ...

Lenehan hakte sich warm bei ihm ein.

– Aber warten Sie doch, bis ich Ihnen erzähle, sagte er. Also wir nahmen noch ein Mitternachtslunch zu uns nach der ganzen Festivität, und wie wir uns dann auf die Socken machten, war´s glatt schon wieder Morgen nach dem Abend vorher. Wir trudelten so heim, und es war eine phantastische Winternacht auf dem Featherbed Mountain. Bloom und Chris Callinan saßen im Wagen auf der einen Seite und ich und die Frau auf der andern. Wir fingen an und sangen im Chor und auch Duette: *Schau, der erste Morgenstrahl*. Sie hatte ´ne ganz schöne Ladung Delahunts Port unter der Bauchbinde. Jeder Ruck, den der verdammte Wagen machte, schmiß sie mir aufs Vorhemd. Ein höllisches Vergnügen! Sie hat ganz ordentlich Holz vor der Tür, segne sie Gott. So etwa diesen.

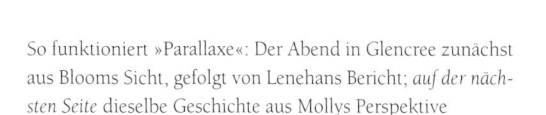

So funktioniert »Parallaxe«: Der Abend in Glencree zunächst aus Blooms Sicht, gefolgt von Lenehans Bericht; *auf der nächsten Seite* dieselbe Geschichte aus Mollys Perspektive

Rechts: Die Glencree-Besserungsanstalt, heute ein Friedenszentrum, bekannt als St. Kevin´s

Ulysses

Ulysses

Ulysses

die Hälfte hatte er für mich gesetzt auf Lenehans Tip hin Mann hat er den in die tiefste Hölle verwünscht den Schmarotzer er hat sich bei mir ziemlich viel herausgenommen nach dem Glencree Dinner damals wie wir von der langen Ratterfahrt über den Featherbed-Mountain zurückkamen wo mich der Lord Mayor mit seinen dreckigen Augen angestiert hatte Val Dillon der dicke Heide ...

Ulysses

Glühender Wein an seinem Gaumen, weilte dort, wurde geschluckt. Pressen in der Kelter, Trauben von Burgund. Die Sonnenhitze, die macht das. Scheint auf geheime Berührung hin zu, mir mitzuteilen, Erinnerung zu. Berührt entsannen sich feucht benetzt seine Sinne. Versteckt unter wilden Farnen auf dem Howth. Unter uns die Bucht, schlafend, der Himmel. Kein Laut. Der Himmel. Die Bucht wie aus Purpur am Lion´s Head. Grün bei Drumleck. Gelbgrün gegen Sutton. Unterseeische Gründe, die Umrisse schwachbraun in Gras, versunkene Städte. Auf meinen Rock gebettet hatte sie ihr Haar, Ohrwürmer im Heidekraut, meine Hand unter ihrem Nacken, du bringst mich noch ganz durcheinander. O Wunder! Kühlweich von Salben berührte mich ihre Hand, liebkoste: ihr Blick war auf mir, wandte sich nicht ab. Entzückt lag ich über ihr, volle Lippen voll offen, küßte ihren Mund ... Blumen warn ihre Augen, nimm mich, willige Augen. Kiesel fielen. Sie lag ganz still. Eine Ziege. Niemand. Hoch auf dem Ben Howth Rhododendren, ein Zicklein, lief sicherfüßig dahin, ließ Köttelchen fallen. Beschirmt unter Farnen lachte sie, warmumarmt. Wild lag ich auf ihr, küßte sie: Augen, ihre Lippen, ihren gestreckten Nacken, das Pulsen, Frauenbrüste voll in ihrer Bluse aus Nonnenschleier, pralle hartaufgerichtete Nippel. Heiß zungte ich sie. Sie küßte mich wieder. Ich wurde geküßt. Ganz hingegeben wuschelte sie mein Haar. Geküßt, küßte sie mich.

 Mich. Und ich jetzt.

———

Alles still auf dem Howth jetzt. Ferne Berge scheinen ganz. Wo wir. Die Rhododendren. Also ich bin ja vielleicht ein Narr, bin ich ja. Er kriegt die Pflaumen und ich die Steine. Meine Rolle. Was der alte Berg schon alles gesehen hat.

———

die Sonne die scheint für dich allein hat er damals gesagt an dem Tag wo wir unter den Rhododendren lagen oben auf dem Howth in dem grauen Tweedanzug und mit dem Strohhut an dem Tag wo ich ihn so weit kriegte daß er mir den Antrag gemacht hat ja zuerst hab ich ihm ein bißchen von dem Mohnkuchen aus meinem Mund gegeben und es war Schaltjahr wie jetzt ja vor 16 Jahren mein Gott nach dem langen Kuß ist mir fast die Luft ausgegangen ja er sagte ich wäre eine Blume des Berges ja das sind wir alle Blumen ein Frauenkörper ja da hat er wirklich mal was Wahres gesagt in seinem Leben und die Sonne die scheint für dich allein heute ja deswegen hab ich ihn auch gemocht weil ich gesehn hab er versteht oder kann nachfühlen was eine Frau ist und ich hab auch gewußt ich kann ihn immer um den Finger wickeln und da hab ich ihm die ganze Lust gegeben die ich konnte und hab ihn so weit gebracht daß er mich gebeten hat ja zu sagen und zuerst hab ich gar keine Antwort gegeben hab bloß so rausgeschaut aufs Meer und über den Himmel

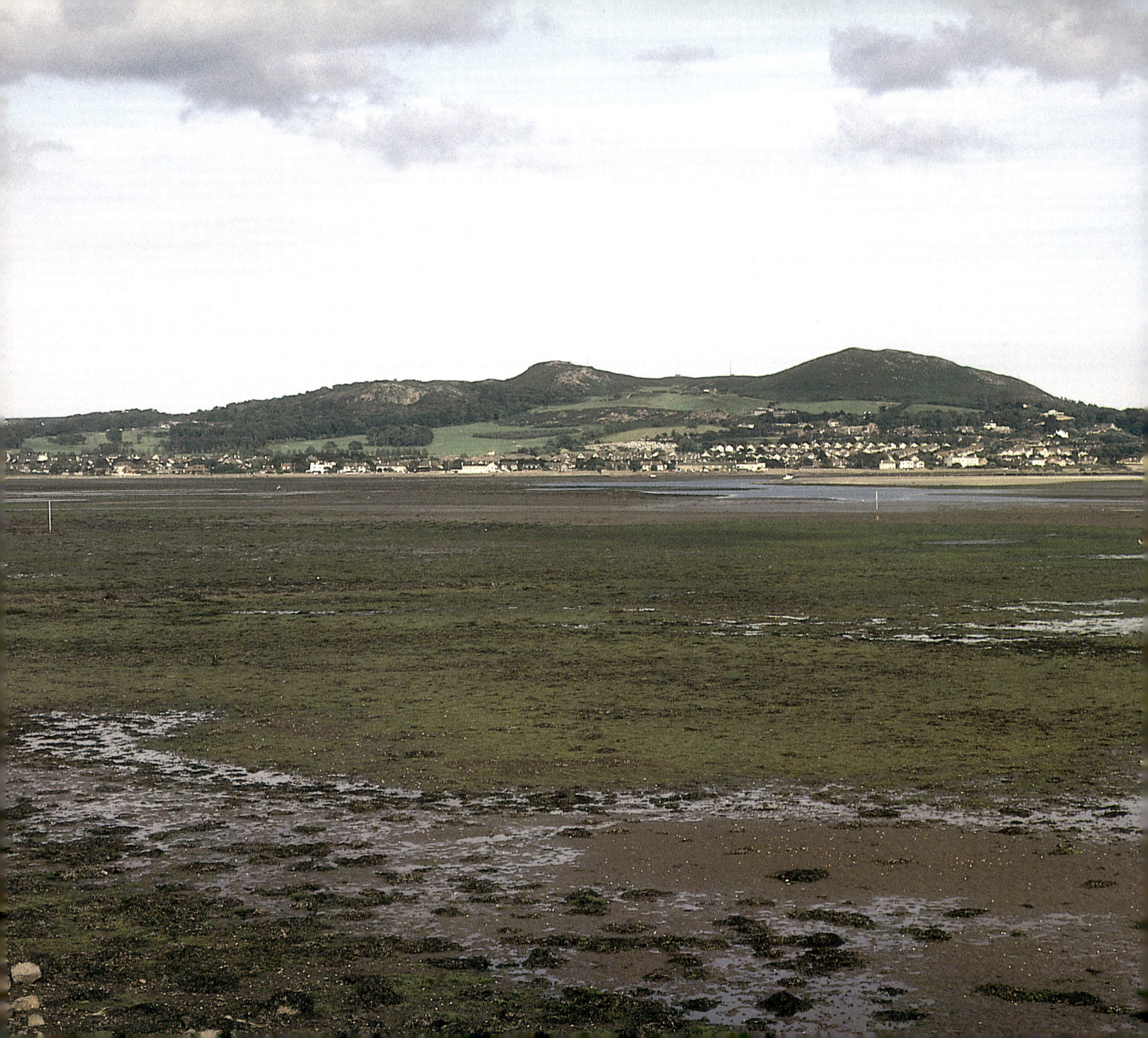

FINNEGANS WAKE

Der große fall der stürtzmauer zog so flugs den pfflumps von Finnegan nach sich – irisch, stämmig, der mann! – daß sein humptyhügelhaupt prumpt einen nachtforschenden qwell ausschickt, seine dumptydamzehn zu inqwestigieren:

Finnegan, oder Humphrey, wird zum »humptyhügelhaupt« von Howth

flußlauf, vorbei an Ev' und Adams, vom küstenknick zum bug der bucht, bringt uns auf kommodem vicus zirkel wieder zurück zu Howth Castells Engrer umgebung.

Die Kirche des heiligen Franz von Assisi auf dem Merchant's Quay, von den Dublinern »Adam and Eve's« genannt

Finnegans Wake

Und alle fielens ein mit grölßter faustgelassenheit. Ganz augog und maugog und blaugrog die runde. Auf die fortsetzung dieser feier bis zur vertilgung des Hanundhunnigan! Paar im klinggin choraß, mehr in kankan klage. Läutern ihn auf und füllen ihn nieder. Steif aber standfest ist Priam Olim! Und war so´n ehrlacher handlanger jung. Schnittelt sein kisstenstein, zapft an die bahr! Würd´s järamals wo noch auf der wirrlt so´n getos geben? Mit ihrm deppropfundswitz und sauft nun ihr stäubigen. Lebensbreit legtens ihn länglachs zur ruh. Mit na pokalipps voll finwhisky for die füß und nem karrenvoll guennesis hüberm haupt. Zähl zem summen all der flötsigkeit dem quaitschen der fiedelen, hei!

»Phil the Fluter´s Ball« vermischt mit »Brian O´Lynn«, »Finnegans Wake« und anderen Dubliner Straßenliedern

Finnegans Wake

[HCE] ist ein prinz der fingallier in einer hiberniade von raudis; hat einen hodländer ihn zu schiffern und einen furanzen ihn currig zu pfeffern und einen brabanson zu seinem beeteren und einen fritz an seiner switch; wurde von einem parker wehgegelagert und von einem buckeley beschotten; kickt linnsen wenn er schröpferisch ist und wirft Jacob´s feilwurzeln, dime after dime, nach armen wahrlosen der fargehmeinde zur last fallenden kindern; liest die charmen von H.C. Endersen an allen schwochen seines abens und die crimen von Ivaun dem Taurrible jeden sonnstarkmorgen; seift dir sanft ins angesicht und ohrfeigt sich selbst wenn er´st badend; besitzt das bauchigste spundfaß das in je gezipftzapft wurde der privace vom Mullingar Inn;

Mullingar House in Chapelizod, wo *Finnegans Wake* geträumt wird

Finnegans Wake

Finnegans Wake

Drüm wenn sich die wolken verziehn, jamey, kannst eine prachtvogelschau genießen von unsrer hügelmasse, jetzt Wallinstone national museum, mit – in grünlicher weite – dem reizenden waterlass landstrich und den zwei feinweißen villagetten, die zwieseln dem geblätter sich so kicherlich hörzeigen, die schnuckelchen! Freier einlaß für eindringliche im museenberg. Welshe und Tommy Patrickson, ein shelenk!

Das Wellington (»Wallinstone«) Monument im Phoenix Park

Finnegans Wake

Finnegans Wake

Finnegans Wake

Es war Äonen weit hinten, als die Wässer noch null und nichtläufig waren, in der Grafschaft Wickenloh, im Garten Erin, bevor sie nur träumte, ihr Kilbreudbett zu überfließen und hinauszuschäumen unter der Horsepaßbrücke, die große Südwesterbahn entgleist ihr die Sturmspur, und Mittellands Schnellsog wüst auf Fersentour, so wendet sich ihrer Wege Schwall und mählich, wellt ost, robbt west, zu spinnen und zu mahlen, zu schrubben und zu dreschen all ihre goldenen Liffeyjahre in die Gerstengefilder und die Schreibergärtchen von Humphreys Hinderfürt ...

Die Horsepass Brücke, Wicklow

Finnegans Wake

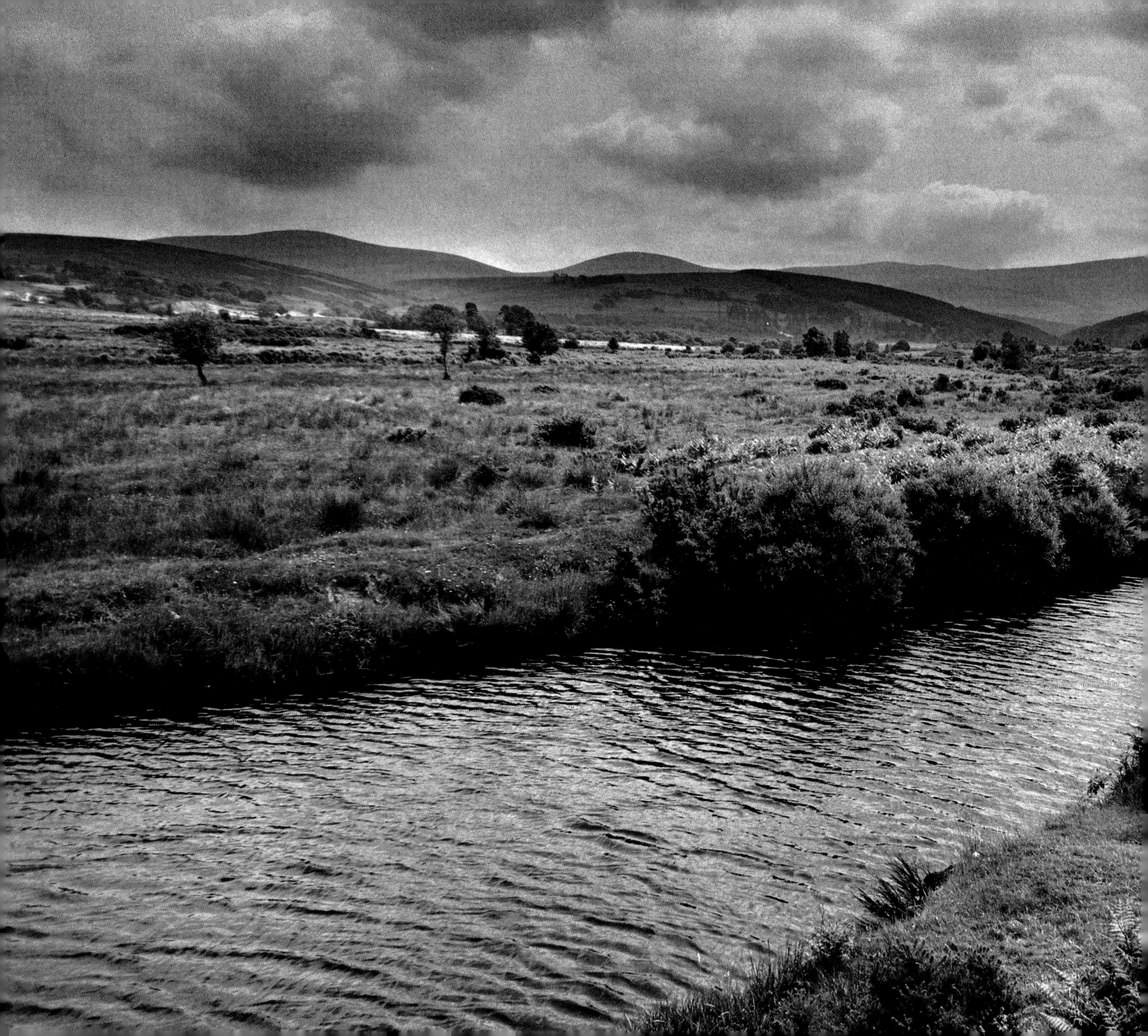

Links: Die Liffey in der Nähe ihres Ursprungs in den Bergen von Wicklow

War ja nur ein jung dünn bleich weich scheu schlank Hauch von nem Ding damals, schlindernd am mondwaldigen Silbersee, und er war ein schwerfülliger taumschwankelnder fremdgängiger Currachmann, der hievte sein Heu, wenn die Sonn ihm beschieden, zäh wie die Eichen (Torf geb ihnen Frieden!), die damals noch rauschten bei den Deichherren von Killdare, so kam er durch Forstgefällfurten platsch auf sie zu.

Umseitig: Glendalough – Tal der zwei Seen

Finnegans Wake

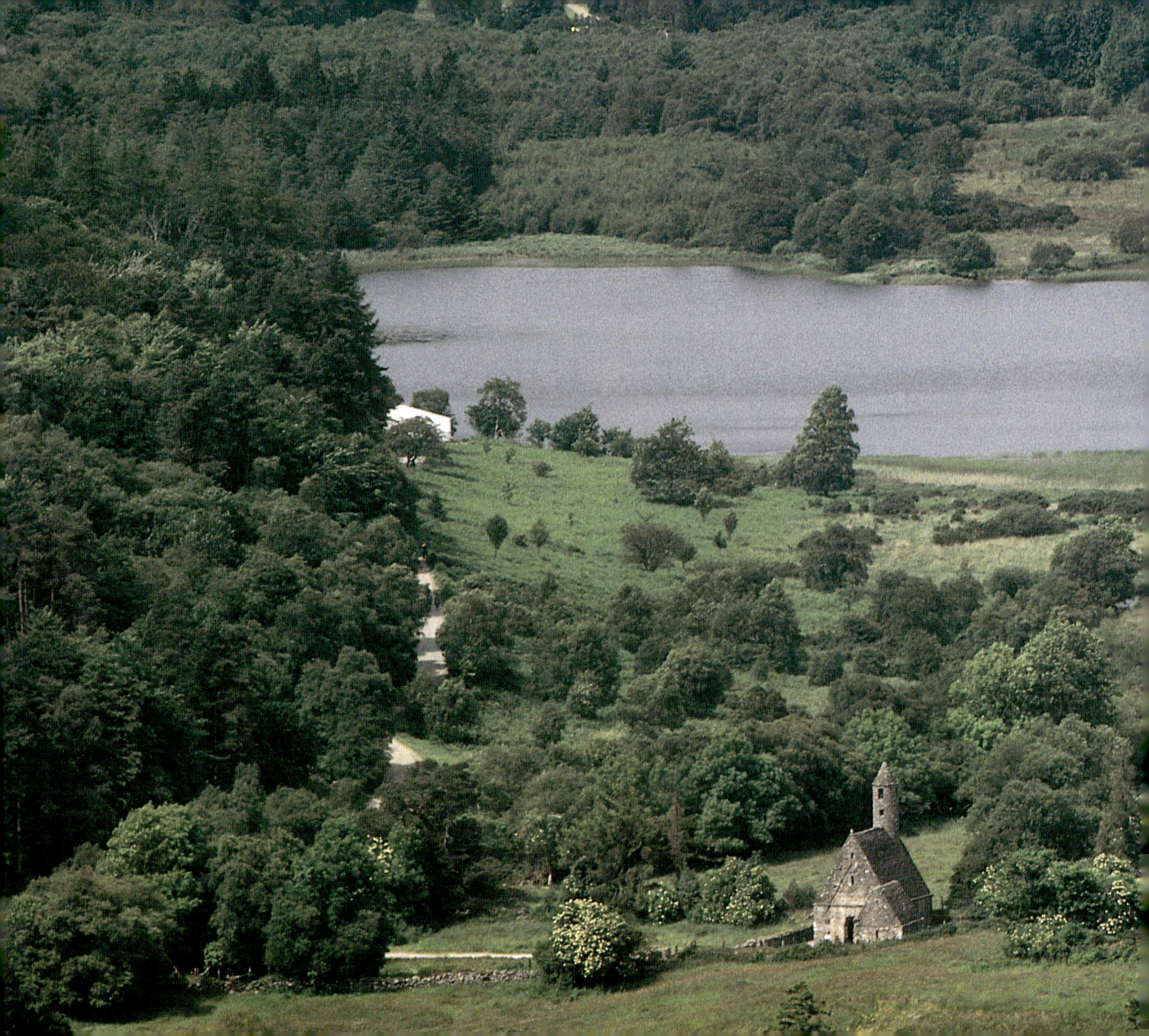

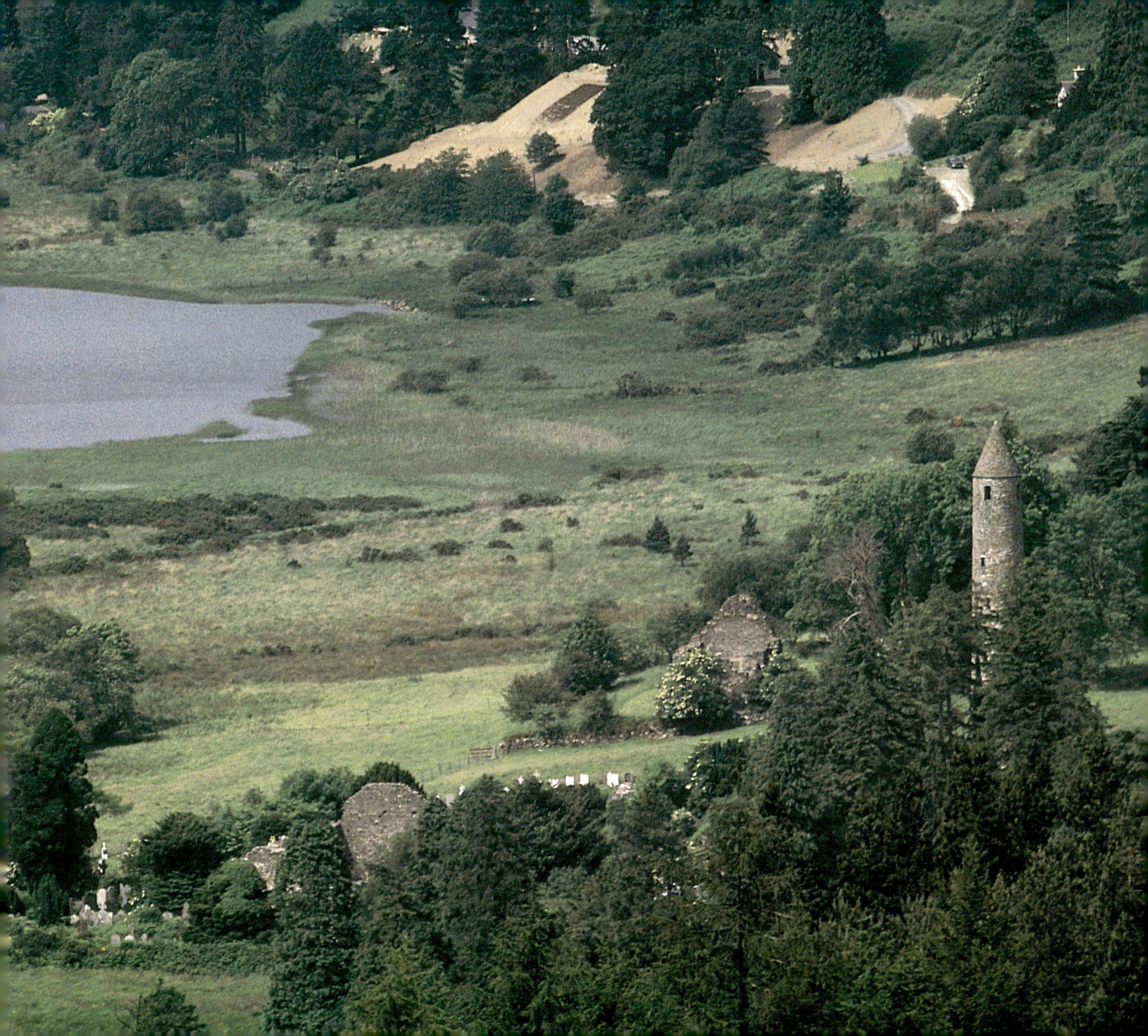

Du erinnerst mich an einen Wonderdecker, den ich mal. Oder an Sindbalt den Segelfahrer, den megallanten Mann, mit den Henkelohren. Oder war er nicht Graf, zu Lucan? Oder, nein, ich mein den Eirenen Herzog. Oder irenwen anders aus den Finstren Ländern. Komm, laß uns! Wir haben immer gesagt, wir würden. Und in die Ferne. Richtung Rathgreany vielleicht.

Finnegans Wake

Finnegans Wake

Finnegans Wake

an enysled lakelet yslanding a lacustrine yslet, whereupon with beached raft subdiaconal bath proper altar, with oil extremely anointed, accompanied by prayer, holy Kevin bided till the third morn hour but to build a rubric penitential honeybeehivehut in whose enclosure to live in fortitude, acolyte of cardinal virtues,

Im Vorwort der deutschen Übersetzung von *Finnegans Wake* wird dieser Roman als das »befremdlichste, das unverständlichste Stück Literatur bezeichnet, das je geschrieben wurde ... Die Worte türmen sich übereinander, schieben sich ineinander, und wenn sie Regeln folgen, dann denen der Freudschen Traumarbeit.« So ist es nicht verwunderlich, daß es immer noch Passagen gibt, die nicht übersetzt sind, und dazu zählt der obige Textausschnitt. Er erzählt vom heiligen Kevin, der sich in eine bienenkorbförmige Steinhütte zurückzog, um der Versuchung zu widerstehen, die die junge, schöne Cathleen für ihn darstellte.
(Siehe auch Bild Seite 150/151)

Finnegans Wake

Hör nicht vor Wassern von. Die schliddernen Wasser von. Fliddermäus fledern, Feldratz rascht rausch. Hee! Bist du nicht heimgangen? Wen einfangen? Hör nicht vor Rattenrascheln, all am Liffeylauf Wasser von. Her, red steh uns bei! Mein Gebein gräbt sich ein. Ich fahl mich alt wie drüb die Ulme. Eine alte Mär von Shem und Shaun? All Livias Töchtersöhn? Dunkle Falken lauschen uns. Nacht! Nacht! Mein Haupt hallt fall. Ich fühl mich schwer wie jenseits Stein. Zähl mir von Sem und Ham! Wer warn sie, Shem und Shaun, die lebten als Söhne von Töchter von? Nacht nun! Zähl mir, zähl mir, zähl mir, Elm! Nacht Nacht! Zähl mir Schicht von Stein und Stamm. Bei den flissernden Wassern von, den hinundherwissernden Wassern von. Nacht!

Wie oben Anna Livias nächtlicher Gedankenstrom, so fließt die Liffey in die Nacht hinein

Finnegans Wake

trist und erschöpft kehr ich zurück zu dir, mein kalter vater, mein kalter irrer vater, mein kalter irrer fürchticher vater, bis die nahsicht seines ahnblicks schon, die mühlen und mühlen davon, stöhnerdröhnend, mich seeschlick salzschlecht macht und ich stürz, mein einziger, in deine arm. Ich seh sie steigen! Rett mich vor den schrhäuslichen zücken! Zwei mehr. Einszwei meermenscher mehr. So. Avelaval. Meine blätter sind von mir abgetrieben. All. Doch eins hakt fest. Das ertrag ich auf mir. Mich zerrinnern an. Lff! So mild der morgen, unsrer. Ja. Trag mich dahin, pappi, wieder einst durch den messeplabtzt. Wenn ich ihn säh jetzt wie er mich niederflög unter weißgespreizten schwingen als käm er von Arzangeln, ich sänk hin ich erstürb zu sein füßen, krumm stumm, nur um aufzubetzen. Ja, zeits. Da's wo. Zuerst. Wir huschen durch buschen keuchen gesträuchen zu. Wsch! Ne möwe. Möwen. Fern rufts. Komme, fern! Endt hier. Uns denn. Finn, noch wieder! Nimm. Küßoftmildchihm, meerdenkmermein! Bis tausendstdein. Lpn. Die schlüssel zu. Geben! Da hin da lein da letzt da liebt da lang m

Finnegans Wake

LITERATUR ZU JOYCE

Es gibt eine Unzahl von Büchern über Joyce. Drei gute kurze Studien sind folgende: Harry Levins *James Joyce: A Critical Introduction*, auch nach fünfzig Jahren noch gut; *Here Comes Everybody* von Anthony Burgess, eine intelligente, unterhaltsame Abhandlung eines Romanschriftstellers, der mit Joyces Werk bestens vertraut ist; und *Joyce* von John Gross, ein Beispiel für komprimierten gesunden Menschenverstand und einfallsreiche Sympathie. Eine längere, eher akademische Studie ist C.H. Peakes *James Joyce: the Citizen and the Artist*, die, gezielt angewandt, dem Leser eine klare, gut organisierte und einfache Zusammenfassung von Joyces Hauptwerken bietet.

Was Joyces Leben betrifft, so sind zwei Bücher zu empfehlen, deren Autoren Joyce gut kannten: Frank Budgens *James Joyce and the Making of Ulysses* (deutscher Titel: *James Joyce und die Entstehung des Ulysses*), eine geniale und scharfsinnige Darstellung von Joyce in den Tagen von *Ulysses*, und *My Brother's Keeper* (*Meines Bruders Hüter*), eine ebenso kluge wie verärgerte Abhandlung von Stanislaus Joyce über seinen stets um Geld bettelnden Bruder. Richard Ellmanns enormes, bewundernswert sorgfältiges Buch *James Joyce* (verbesserte Auflage, 1982) betrachtet Leben und Werk Joyces, und das kürzlich erschienene Werk *Nora* von Brenda Maddox bereichert die Joyce-Forschung um einen sehr wertvollen Aspekt.